MÉMOIRE

SUR

L'ORIGINE ET LA

HISTOIRE ET GÉNÉALOGIE

de la

MAISON DE SUREL

Au pays de Velay

MÉMOIRE

Sur l'Origine, l'Histoire et la Généalogie

de la

MAISON DE SUREL

Au pays de Velay

MÉMOIRE

sur

L'ORIGINE ET LA

L'HISTOIRE GÉNÉALOGIE

de la

MAISON DE SUREL

Au pays de Velay

RIOM. IMPRIMERIE EDOUARD GIRERD

1887

L'Auteur de ce Mémoire le dépose humblement aux pieds de la Madone d'Anis, Notre-Dame du Puy, Patronne et Protectrice du Velay ; il La supplie qu'Elle daigne bénir son travail et lui faire produire de bons fruits.

17 juillet 1887. Anniversaire de la Dédicace de l'église angélique du Puy.

Le Mémoire que nous offrons à chacun de ceux qui composent la Famille de Surel n'est qu'un résumé bien succint et malheureusement trop incomplet de l'histoire et de la généalogie de cette Famille. Puissions-nous, à force de recherches patientes et consciencieuses, mieux éclairer un jour les points laissés obscurs et remonter plus haut dans les temps anciens pour le point de départ de la filiation authentique. En attendant mieux; ce petit memento, nous l'espérons, dira à chacun, aussi souvent qu'on le consultera, d'entretenir dans son cœur l'amour du Pays d'origine et, d'abord, le respect des bonnes traditions, avec les sentiments d'union et de sympathie si désirables entre les membres d'une même famille ; en effet, il donnera à chacun quelque connaissance sur l'origine, l'histoire et l'état actuel de la Famille à laquelle il appartient et Dieu veuille qu'en transmettant quelques souvenirs du passé de la Famille, il favorise, pour l'avenir, son bonheur et sa prospérité.

MÉMOIRE
SUR
L'origine, l'histoire et la généalogie
DE LA
Maison de SUREL
Au pays de Velay

ARMES : d'azur au cygne d'argent foulant un croissant du même au chef cousu de gueules, chargé de trois étoiles d'argent. *Supports* : deux lions. — *Couronnes* : le chef de la Maison timbre avec celle de marquis, à raison de la Fare ; son fils aîné avec celle de comte, à raison de St-Haond ; celle de comte aussi pour un fils puîné, à raison de Monchand ; celle de baron, à raison du Bouchet pour un autre fils puîné. La branche cadette porte la couronne de comte. — *Devises* : *Deo et Atavis*, pour la branche aînée ; *Virtute exaltantur Humiles*, pour la branche cadette (1).

Le récit qui fait remonter le plus haut dans l'antiquité l'origine de la Maison de Surel, s'appuie sur une tradition écrite

---

(1) La branche cadette porte les mêmes armes que la branche aînée ; mais le comte de St-Haond porte ses armes écartelées : au 1ᵉʳ et au 4ᵉ, d'azur au chevron d'or accompagné en chef de deux étoiles d'argent, et

Le Comte de Saint-Haond

Le Baron du Bouchet

Le Comte de Monchand

ainsi textuellement dans de vieux papiers de famille :

« ELLE — la Maison de Surel, — en pointe d'une main d'argent tenant une flamme d'or, qui est de *Monchand*.

En souvenir des armes que firent graver, en 1594, sur leur tombeau dans l'église du Bouchet-St-Nicolas, les ancêtres du marquis de la Fare, lorsqu'ils portaient les noms de *Surel de Monchand*.

La main tenant une flamme indique, en effet, que ce sont des armes parlantes (Monchand dérivé de main chaude); et si ces armes figurent seules sur la pierre tombale, cela donnerait à entendre que le descendant des sires de Surel qui, à une époque inconnue, a transporté le berceau de sa Maison du château de Surel en la ville du Bouchet, avait été attiré en ce dernier lieu par une alliance avec la véritable Maison de Monchand, et que sa femme devait être le dernier représentant de cette Maison de Monchand, qui dès lors se serait confondue avec la Maison de Surel.

Quoi qu'il en soit, les 1er et 4e quartiers de ces armes, perpétuent le souvenir de cette alliance et de cette fusion avec la Maison de Monchand, ou peut-être seulement, ils rappellent que les Surel possédaient autrefois la seigneurie de Monchand, voisine du Bouchet, qu'ils en portaient le nom, et que sur leur tombeau des armoiries disent par leur signe symbolique qu'un de leurs noms était Monchand.

Au 2e et au 3e, d'azur à la roue d'or, au chef d'argent chargé de trois chevrons de gueules posés en fasce, qui est de la *Rode de St-Haond*; en souvenir du mariage d'André de Surel avec Marguerite de la Rode vers 1610.

Ce souvenir fait revivre, pour ainsi parler, l'illustre Maison de la Rode déjà éteinte depuis plusieurs années, en même temps qu'il marque un ancien droit de la Maison de Surel; puisque les membres de cette Maison partageaient avec les la Rode le titre et les autres prérogatives des barons, puis comtes de St-Haond.

Brochant sur le tout, les armes de Surel ci-dessus énoncées. — Le comte de St-Haond porte la devise de la Maison de Surel au-dessus de ses armes, et il place au-dessous celle des la Rode : *Audaces fortuna juvat*.

Le baron du Bouchet porte ses armes écartelées : au 1er et au 4e de Surel, au 2e et au 3e de Monchand.

Le comte de Monchand porte ses armes mi-partie de Surel à dextre et de Monchand à senestre,

tirait son origine de Surus, prince Eduen, illustre capitaine du temps de César. L'histoire de Bibracte (Autun) dit que Surus était fier de se mesurer avec le chef des Romains; il était si habile dans le commandement des armées, que César craignait qu'il ne lui fît perdre en un seul hiver le fruit de ses conquêtes auprès de Capdenac — l'ancienne Uxellodunum, capitale des Cadurques, aujourd'hui chef-lieu de commune du département du Lot, — où les deux grands hommes se livrèrent plusieurs combats, ce qui serait peut-être arrivé si César n'eût agi de trahyson avec Surus. Sa famille s'établit dans le Velay où le chef était venu lever des troupes et son nom servit à désigner une terre de cette province;

plus tard, on francisa le nom et on prononça Surel. »

Quelque sentiment que l'on attache à la vérité de la tradition que je viens de citer, il est au moins intéressant, en regard de la tradition, d'avoir des preuves sur l'existence de Surus et d'être certain qu'il se battit contre les troupes romaines du temps de César, c'est-à-dire entre l'an 58 et l'an 50 avant Jésus-Christ, puisque la guerre des Gaules eut lieu pendant ces sept années.

Les citations que je vais transcrire répondront affirmativement à cette double question :

On lit dans les *Commentaires de César sur la guerre des Gaules,* livre VIII, paragraphe XLV :

Labienus interim in Treviris equestre prælium secundum facit ; compluribusque Treviris interfectis, et Germanis, qui nulli adversus Romanos auxilia denegabant, principes eorum vivos in suam redegit potestatem, atque in iis *Surum Æduum, qui et virtutis et generis summam nobilitatem habebat*, solusque ex Æduis ad id tempus permanserat in armis.	D'un autre côté, Labiénus défit ceux de Trèves dans un combat de cavalerie, leur tua beaucoup de monde et même des Allemands qui ne refusaient à personne leur secours contre les Romains : il fit leurs chefs prisonniers, entre lesquels se trouva un Eduen nommé *Surus, illustre par son courage et sa haute naissance :* il était le seul de son pays qui ne se fut pas encore soumis.

On lit dans l'*Histoire de la ville d'Autun* par Rosny — capitaine d'infanterie — Autun 1802. — Imprimerie Dejussieu, pages 108, 182, 183, 233, 270 :

« Surus, chef des Autunois, voyant sa patrie pour jamais opprimée, après le siége mémorable d'Alise, dont dépendit l'asservissement de toutes les Gaules, se retira dans le pays de Trèves qui était alors en guerre avec les Romains, et y nourrit le sentiment de la vengeance pendant les sept années que dura la guerre. Il fut enfin fait prisonnier par les troupes de Labiénus, mais il préféra la mort à l'esclavage, et acquit avec raison le titre glorieux de dernier des Eduens.

Dans un poliandre ou cimetière public, qui se trouve sur la montagne de Couard, voisine d'Autun, fut trouvée, en 1775, l'urne qui renfermait les cendres de ce grand homme, sur laquelle on lisait très distinctement ces mots : *C. IVLI. SVRRI*, c'est-à-dire : *Cineres* JULI SURRI : cendres de JULIUS SURRUS.

« J'ai — Rosny — vu au château de Montjeu — près d'Autun — plusieurs urnes en terre, qui furent trouvées dans les différents poliandres d'Autun ; sur l'une d'elles on lit : *J. SURRI CIN.* »

Une preuve qui affirme l'existence en 1120, c'est-à-dire au douzième siècle, d'un château placé où se trouvent encore aujourd'hui de vieux bâtiments sur le territoire appelé Surel, situé dans l'ancien pays de Velay, à peu de distance de Retournac, chef-lieu de la commune et de la paroisse dont dépend Surel; cette preuve vient encore à l'appui de la tradition qui veut que le nom et la famille de Surel aient pour auteur Surus, prince des Eduens.

En effet, voici ce que dit une bulle du pape Callixte II, adressée à Francon, abbé de Tournus :

Le Pape confirmait les droits de l'abbaye sur les églises, chapelles ou monastères qu'elle possédait dans divers diocèses et notamment ceux de Clermont, le Puy, Vienne, etc. ; et la bulle est datée ainsi :

Datum apud Celsinianam.
Per manum Grisagoni sanctæ Romanæ ecclesiæ diaconi cardinalis ac bibliothecarii VI Idus maii Indictione XII dominicæ Incarnationis.
anno MCXX
pontificatus autem domini Callixti secundi papæ anno primo

Pour le diocèse du Puy, il est fait mention de ce qui suit :

Monasterium sancti Philiberti	*Goudet.*
Ecclesiam sancti Petri de Salettas.	*St-Pierre-Salettes.*
— sancti Félicis de Landoas,	*Landos.*
— sanctæ Mariæ Pratalias,	*Praclaux ou Pradelles.*
— sancti Martini Cocornensis,	*Concorne ou Coucouron.*

Capellam sancti Philiberti, sancti Cyrici et sancti Mauricii Amblavensis,	*La Voûte - sur - Loire.*
Capellam sancti Vincentii,	*St-Vincent.*
Capellam in castro Syro	**Surel.**
— sanctæ Mariæ de Bazac,	*Bauzac.*
— de castro Rocol,	*Recours.*
— sancti Juliani Caspiniaci,	*Chaspinhac.*
— de castro Mercolio,	*Mercœur.*
— sancti Quintini,	*Saint-Quentin.*

Cette bulle, citée dans les *Tablettes historiques du Velay*, quatrième volume, page 275, est tirée de la *Nouvelle histoire de l'Abbaye Royale et Collégiale de Saint-Philibert de la ville de Tournus*, par Pierre Juénin, chanoine de cette abbaye. Dijon, 1733, aux preuves, page 145.

On y a lu, dans le passage qui vient d'être transcrit, les mots : « CAPELLAM IN CASTRO SYRO. »

En se rappelant l'usage fréquent dans la langue latine où l'*y* se contracte en *u*, dans le cas présent, Syro est synonyme de Suro; par suite, je dois traduire absolument : *une chapelle dans la place forte de Surus*. Et pour prouver que cette place forte ou château de Surus n'est autre que Surel, il suffit de se reporter à la même bulle et au même passage précité : on trouve, immédiatement avant la chapelle de Surel, mention des chapelles de la Voûte-sur-Loire et de Saint-Vincent; et, immédiatement après, la chapelle de Bauzac; toutes appellations qui, aujourd'hui encore, servent à désigner des localités situées à peu de distance de Surel, lequel est précisément placé entre Saint-Vincent et Bauzac, comme il est aisé de s'en convaincre au moyen de la carte géographique concernant le pays dont il est question.

La conséquence de ce qui précède est : d'une part, que la terre appelée aujourd'hui Surel s'appelait au douzième siècle Surus; il n'y a du reste entre ces deux appellations que la distance si connue pour un même mot latin et son diminutif : le mot latin *Surellus* d'où vient le français Surel, n'est autre que le diminutif du nom de *Surus* donné jadis à la terre de Surel.

En second lieu, il résulte que la terre de Surel était occupée par un château ou place forte, en l'an 1120, date de la bulle du Pape.

Enfin de ce qu'à cette même époque,

CARTE GÉOGRAPHIQUE DES ENVIRONS DE SUREL

au douzième siècle, Surel se disait *Surus*.
il y a au moins une présomption de plus en faveur de la tradition qui donne pour chef nominal à la terre de Surel et pour auteur à la famille qui porte le nom de cette terre, Surus, prince Eduen dont on a parlé plus haut.

D'ailleurs, le *Cartulaire de Chamalières*, pour indiquer le même nom de Surel, désignant des personnes vivant aux XIIe et XIIIe siècle, présente de telles différences dans l'orthographe du même mot exprimé en latin de l'époque à laquelle remonte ce vieux document, qu'il vient confirmer d'une façon indubitable les opinions déjà émises sur l'origine et l'existence du nom et de la famille de Surel.

Comme preuve, il convient de transcrire

1.

ici quelques passages du *Cartulaire*. Ils sont extraits du cartulaire même imprimé en appendice à la fin du deuxième volume des *Tablettes historiques du Velay*, année 1871. On y lit, dans l'ordre chronologique :

pages	paragr.	Dates	TEXTE	
27	65	La veille des nones de janvier 1162	*Petrus Joannis*	(Pierre fils de Jean)
28	67	Le 3 des calendes d'avril 1163	*W. Joannis presbiter*	Guillaume fils de Jean, prêtre)
29	69	Le 18 des calendes de mai épacte 13ᵐᵉ 1163	*P. Joannis (sic)*	
31	75	La 12ᵉ lune le 3 des ides de novembre 1163	*Aumarus de Artigiis emit de Johanne Surrardi de Bausaco... Petrus Johannis operarius (testis)*	Aumar d'Artias acheta de **Jean de Surel** de Bausac une terre près la Chazotte (Pierre, fils de Jean, économe est témoin)
32	76	nones de mars 1164	*P. Johannis, operarius*	
32	77	le 3 des ides de mars 1164	*P. operarius*	

pages	paragr.	Dates	TEXTE	
36	88	Le 14 des calendes de février 1165	*P. Johannis*	
67	163	1172	*P. Johannis operarii*	
38	93	1173	*Petrus Johannis, sacrista*	(sacristain)
70	175	1176	*J. Sureus (testis)*	**Jean** DE **Surel**, tém.
53	131	1190	*Petrus Johannis sacrista*	
56	136	id.	*Aumarus de artigiis emit a W° et Petro de Bruzac (sic) et a matre eorum feudum de Chabannolas.*	Aumar d'Artias achete de Guillaume et Pierre de Bauzac et de leur mère le fief de Chabannoles
57	143	id.	*Austorgius de Demosola frater Petri et W.*	Austorgue de Maisonseule frère de Pierre et de Guillaume
62	153	1212	*Pontius Surellus et P. filius ejus (testes)*	**Pons** DE **Surel** et **P.** son fils (témoins)

Il a paru préférable pour l'intelligence des preuves que nous présentons, d'établir le résumé qui précède et de renvoyer à la fin de ce *Mémoire* l'insertion du texte et la traduction complète des paragraphes du *Cartulaire* dans lesquels nous avons trouvé les noms que nous venons de citer.

Celui de ces noms qui est le plus digne de remarque, pour appuyer les opinions que nous avons énoncées touchant l'origine du nom de Surel, se lit au paragraphe 175me du *Cartulaire*. On y parle d'un J. Sureus qui, en 1176, est témoin d'une acquisition faite par le prieur P. de Chalencon au chevalier Guigues de Charées — Charées est limitrophe de la terre de Surel. — Ce J. Sureus — dont le nom se rapproche singulièrement de Surus — est sans doute le même que Johane Surrardi de Bausaco auquel (paragraphe 75) Aumar d'Artias acheta, le 3 des ides de novembre 1163, une terre près la Chazotte. Le paragraphe 143me vient confirmer cette pensée, en nous parlant d'un jeune homme appelé Austorgue, de Maisonseule — Maisonseule est limitrophe de la Chazotte, très proche de Surel — ledit Austorgue, frère de Pierre et de Guillaume. Ce paragraphe 43me est le plus précieux de tous au point de vue de nos recherches, car il est le trait d'union indiscutable qui, non-seulement relie J. Sureus de 1176 avec Johane Surrardi de Bausaco de 1163 pour n'en faire qu'un même personnage, mais encore qui garantit la véritable et seule traduction possible des deux noms : Petrus Joannis et W. Johannis, ce qui doit donc signifier : Pierre et Guillaume, fils de Jean de Surel de Bausac (Bausac est également peu éloigné de la terre de Surel.)

Pierre, qui paraît le premier de tous,

la veille des nones de janvier 1162 (paragraphe 65) ; Guillaume, que l'on trouve l'année suivante 1163, le 3 des calendes d'avril; celui-ci est prêtre, sans doute il fait partie des prêtres-moines de Chamalières, et la même année 1163, le 3 des ides de novembre, reparaît Pierre avec le titre d'économe, il change cette fonction contre celle de sacristain avec laquelle il comparaît pour la première fois en 1173, ce qui indique surabondamment qu'il faisait aussi partie des moines de Chamalières. Enfin, Pierre et Guillaume de Bruzac (sic) figurent ensemble en 1190 pour vendre d'accord avec leur mère — leur père Jean de Surel devait être mort à cette époque — le fief de Chabannolles qui est tout près de Retournac, chef-lieu de la paroisse dont dépend Surel.

Austorgue, frère de Pierre et de Guillaume, comme le déclare le *Cartulaire*, était-il déjà si malade qu'il ne pouvait joindre son assentiment à celui de ses frères pour la vente de Chabannoles en 1190, peut-être était-il déjà mort ? C'est ce qui semble ressortir du texte du *Cartulaire*, qui, en la même année 1190, avant ou après la vente de Chabannoles, mentionne la donation faite à Dieu et à saint Gilles par le jeune Austorgue, lequel subissait les douleurs de l'agonie. — *Laborans in extremis.*

Vingt-deux ans plus tard, en 1212, paragraphe 153, le *Cartulaire*, se rapprochant cette fois tout à fait du nom de

SURREL, tel qu'il s'écrit et se prononce de nos jours, cite Pons de Surrel et P. son fils comme témoins d'une donation faite à Raymond de Mercœur, prieur de Chamalières.

Pons était-il frère de Jean ou cousin des trois frères Pierre, Guillaume et Austorgue; appartenait-il à la génération de Jean ou à celle des enfants de celui-ci? L'une et l'autre hypothèse peut être vraisemblable, puisqu'en 1212, vingt-deux ans seulement à dater de la donation du jeune Austorgue, *quidam juvenis, Austorgius nomine,* Pons a déjà un fils suffisamment âgé pour servir de témoin avec lui. Il serait sans doute intéressant d'être fixé sur le degré de parenté, mais le *Cartulaire* ne nous en apprend rien.

Le fait que Pons de Surrel sert de témoin à l'exemple de Jean et de ses fils, en faveur du prieuré de Chamalières qui se trouve dans le voisinage de la seigneurie de Surel, paraît établir assez bien que Pons était, lui aussi, de la famille de Jean, lequel, quarante-neuf années auparavant, en 1163, paragraphe 95, avait vendu une terre tout près de la Chazotte ce qui peut s'entendre du tout ou portion de la terre de Surel même, située précimment à peu de distance de la Chazotte : d'ailleurs, les divers membres de la famille de Surel, ne sembleraient-ils pas, vers cette époque, s'être emparés, pour leurs fiefs ou leur habitation, des divers lieux avoisinant Surel, comme Bauzac, Chabannoles et Maisonseule !

A la suite du *Cartulaire de Chamalières,* après l'an 1212, c'est un *Registre* d'inventaire des fondations faites au chapitre de Saint-Vosy, au Puy, qui mentionne, en 1333, l'existence d'un autre Pierre de Surel, lequel fait, en faveur dudit chapitre, une fondation sur sa terre des Rioux. La fondation est écrite : liasse 1re, page 4, côté 31, sur le terroir de la Blache ; et il est remarquable que les Rioux et la Blache se trouvent dans la commune de Rosières, qui est proche de celle de Retournac, par conséquent non encore éloignés de Surel.

Nous nous trouvons toujours dans le voisinage, lorsqu'un Surel est désigné commandant la garnison de Chamalières même, dans l'*Etat des garnisons éta-*

blies par le roy au païs de Velay en septembre 1594 sous le commandement de M. de Chaste, sénéchal, d'après le compte d'Antoine Roqueplan, receveur des tailles du diocèse du Puy. (*Mémoires de Burel,* page 387.)

Cependant, la même année 1594 est inscrite sur une dalle funéraire en l'église du Bouchet-Saint-Nicolas, sur les frontières du Velay et du Gévaudan ; on y voit des armoiries avec les noms de Surel de Monchand, ce qui indique un tombeau de la famille de Surel et par suite, dès cette année au moins, l'arrivée au Bouchet-Saint-Nicolas des membres de cette famille établis au Bouchet ou aux environs par des mariages et possessions de fiefs, comme le marquera la suite de ce *Mémoire.*

C'est pourquoi quarante-cinq ans plus tard, M. de Chaste étant encore sénéchal du Puy, le 15 du mois de may 1639, est inscrit dans la nommée de tous les gantilzhommes et feudataires de la seneschaucée : le sieur de Surel du Bouschet, *Mémoires de Jacmon,* page 139.

On lit dans les mêmes *Mémoires,* pages 178 et 179 :

« Le 18ᵉ febvrier 1642, Monsieur du Bouschet avec le capitaine général syndic ayant déjà conduit la milice du Velay à une revue de Monseignieur le Prince, sont chargés par celui-ci de faire rentrer dans le devoir quatre-vingtz et neuf déserteurs de cette milice.

» Le 16ᵉ apvril 1642, le sieur du Bouschet conduit les deux cens hommes de troupes levées dans le Velay par ordonnance royale du 30ᵉ de mars, il est en compagnie de noble Hanry de Masparante, gentilhomme ordinaire de la chambre du roy avec de Lafont, son commis, lesdictz commissères à ce depputtés par Sa Majesté. »

Revenant à l'année 1639, nous lisons dans le *Répertoire général des hommages de l'évêché du Puy*, page 239 : « Julhac 1639. — Investiture portant hommage en fief franc des rentes, censives, quarts et droit de justice haute, moyenne et basse, dans le terroir de Julhac, acquis par noble Vital Surrel, habitant du Bouschet-Saint-Nicolas, du chapitre de Notre-Dame du Puy, au prix de 3.000 livres. »

Noble Vital était l'aîné des enfants d'André de Surel par qui les titres authentiques conservés ou retrouvés ont seulement permis de commencer une filiation ininterrompue jusqu'à nos jours. Mais avant d'inscrire cette filiation, n'est-il pas à propos de dire que tous les documents qui précèdent, en établissant l'ancienneté de la maison de Surel, donnent un grand poids à une communication orale faite en 1834 à un membre de la famille par M. Queyron, propriétaire à Escublas, commune de Saint-Haond, vieillard à cette époque âgé de 70 ans au moins; il disait avoir reçu ces renseignements de M. de Chamblazère, vieillard octogénaire, avec lequel, quoique bien jeune cultivateur, il partageait la **captivité** infligée aux citoyens de toutes classes, qui étaient suspectés de ne pas admettre la transformation sociale révolutionnairement pratiquée. Voici les renseignements communiqués par M. Queyron :

« La famille de Surel est sortie d'un fief de ce nom, dont le tenancier rendait hommage au baron d'Artias, baronnie postérieurement transférée à Roche-en-Regnier. Ce fief, aujourd'hui petit hameau, est situé sur la rive gauche de la Loire, dans la commune de Retournac, arrondissement d'Yssengeaux, ancienne province du Velay, département de la Haute-Loire. Les sires de Surel prirent part aux Croisades et abandonnèrent leurs château et terre de Surel pour participer avec le seigneur Guillaume des

Barres et l'évêque du Puy, à la guerre contre les Albigeois — 1208-1209. »

Leurs descendants s'établirent, à la fin du seizième siècle, vers 1594, comme nous l'avons vu plus haut, sur les confins du Velay et du Gévaudan, au lieu du Bouchet-Saint-Nicolas, près duquel ils étaient ou devinrent seigneurs de Monchan, Juilhac, Abel, Font-Rouge, le Thort, la Roche, le Cros, les Combes, Soubise et autres lieux, barons du Bouchet, et seigneurs-pariers de la baronnie de Saint-Haond, en 1620, après le mariage, vers 1610, d'André de Surel avec Marguerite de la Rode, sœur de Jean II de la Rode, qui épousait, le 24 avril 1620, Isabeau de Saint-Haond, héritière de la baronnie qu'elle partagea entre son mari et son beau-frère André de Surel. Cette baronnie de Saint-Haond, qui donnait entrée aux Etats du Velay, fut érigée en comté en 1769 avec la terre de Monchan, laquelle, depuis un temps immémorial, avait servi d'apanage à la maison de Surel, par suite d'alliance ou autre cause. Lui appartenait-elle déjà, lorsque au mois de décembre 1350, Delphine de Monchan, chanoinesse de Blesle, en Auvergne, participe à l'élection de l'abbesse de ce chapitre? *(Notice historique sur Blesle et son Abbaye,* par le comte Léo de Saint-Poncy — Le Puy, 1869.) Il est plus probable que la famille de Surel fut attirée au Bouchet par une alliance avec l'héritière de Monchan; la terre de Monchand étant de la paroisse de Laussonne, non loin du Bouchet.

C'est ainsi, par son mariage avec Anne d'Avouac, — la terre d'Avouac se trouve dans la commune du Monastier-Saint-Chaffre, — vers 1651, que le continuateur de la maison de Surel, François de Surel de Monchand, se fixait en la ville du Monastier-Saint-Chaffre, frontière du Velay et du Vivarais, qui devint ainsi le troisième berceau de la famille.

Enfin, sous le règne de Louis XV, la maison de Surel s'est divisée en deux branches qui, seules, la représentent aujourd'hui : *(Voir Appendice* E*).*

Un arrière-petit-fils de François de Surel de Monchan, noble Jacques-Louis, écuyer, devint le fondateur de la branche cadette, et reçut en apanage les château et seigneurie de Montbel — commune de Saint-Paul-de-Tartas, (Haute-Loire) — en Vivarais, provenant par succession de la famille de sa mère, Marie de Bourbon-Pomeyrol. Il prit le nom de Montbel que ses descendants ont conservé.

Son frère aîné, Jean-Pierre-Charles, chef de la branche aînée et de la maison de Surel, était seigneur de Saint-Julien et Roche-Baron en Velay, co-seigneur-marquis de la Fare, seigneur du Cros-Verdier, la Tour de Constance, Auteyrac, Leyris et autres places, en Vivarais. Jean-Pierre-Charles résidait alternativement au Monastier et surtout en son château du Cros-Verdier, mais il prenait généralement le nom de Saint-Julien qui, depuis lors, a plus spécialement distingué la branche aînée de la maison de Surel. La seigneurie de Saint-Julien avait passé de la famille de Jerphanion dans celle de Surel vers 1725; elle est devenue chef-lieu de canton du département de la Haute-Loire, et se trouve à 18 kilomètres du Puy dans l'ancien pays de Velay, au pied de la butte sur laquelle était assis le vieux château de Chapteuil dont s'intitulèrent comtes les anciens évêques du Puy.

La filiation régulière et authentique de la famille de Surel, nous l'avons déjà dit, commence seulement par André de Surel né vers 1575; et, cette filiation s'établit par les registres de l'état civil des différentes communes où résidèrent les personnes qui y sont mentionnées; or ces registres ne remontent pas au-delà du XVIme siècle. Ce qui explique encore le manque de preuves d'une filiation plus ancienne, c'est la disparition presque complète des archives de la maison de Surel à l'époque de la grande révolution. Les papiers furent en partie volés dans le lieu où on les avait cachés, et la plupart des autres se trouvèrent complètement détruits par l'humidité quand on les tira d'une seconde cachette !

Cependant l'existence de la lettre suivante, copiée textuellement sur l'original, ne sera pas ici hors de propos :

« A Montpellier, le 5 juin 1776.

» J'ai l'honneur, Monsieur, de vous renvoyer le certificat de noblesse de M.

de Surel de Saint-Jullien (*sic*) que j'ai revêtu de mon visa. M. le comte de Moman, exigeant actuellement que ces sortes de pièces lui soient adressées, ou par la partie ou par son subdélégué sur les lieux, je n'ai pas cru devoir le lui faire présenter à viser.

» J'ai l'honneur d'être avec un sincère et respectueux attachement, Monsieur, votre très-humble et très-obéissant serviteur,

» DE SAINT-PRIEST. »

Au bas se trouve l'adresse :

« M. de Romans, brigadier des armées du Roy et colonel de la Légion de Lorraine, au Puy. »

Suit la filiation ou généalogie :

I. André de SURREL (1575) épouse (1610), Marguerite de la Rode. Il est père de :

1° Vidal, seigneur de Juillac, qui épousa Marie Jullien, sœur de Jacques, prieur de Saint-Arcons. Il en eut sept enfants, parmi lesquels Claude et Jacques continuèrent seuls la descendance masculine. Claude, marié avec Marguerite de Boutavin de Mortesagnes, forma un rameau dont on perd les traces dès la seconde génération. Jacques, marié à Madelaine de Chastel de Servières, vit mourir sa femme et se remaria avec Jeanne de Champs. Madelaine de Chastel-Servières était morte en donnant le jour à un fils nommé Claude, qui fut officier au régiment de Brissac et épousa Catherine de la Roque ; il est l'aïeul de Monseigneur de Vichy, aumônier de la reine Marie-Antoinette, devenu évêque d'Autun après la Restauration, par le mariage de sa fille unique, Jeanne de Surrel-Monchand, mariée à Gilbert-Barthélemy, comte de Vichy. Jacques de Surrel n'eut pas d'enfants de sa seconde femme, et il mourut à Riom en Auvergne, le 1er avril 1691.

2° PIERRE, qui eut deux filles de son mariage avec Magdeleine Servant.

3° FRANÇOIS, qui continuera la descendance directe.

4° Jean, qui épousa Magdeleine du Villard, dont il eut un fils, Henri, né le 15 août 1646; seuls détails connus sur leur compte.

5° Marie, née en 1623.

II. François de SURREL (1618), seigneur de Monchand et seigneur-parier de la baronnie de Saint-Haond. Il habita quelque temps Montpellier, mais après son mariage avec Anne d'Avouac, il se fixa au Monastier Saint-Chaffre. Il eut un fils unique :

III. Pierre (1652-1730), consul du Monastier et député aux Etats du Velay en 1690, qui avait épousé le 12 février 1679, Marie de la Roche, veuve de sire de Mérindol. Il en eut une fille et deux fils :

1° Jean-Pierre, qui suit :

2° Louis, qui entra dans la Compagnie de Jésus. Un acte de baptême du 28 novembre 1735 le dit : recteur du Collége de Billom (1).

IV. Jean-Pierre (1686-1756), surnommé le Grand Surrel, avocat au Parlement de Toulouse et subdélégué

---

(1) Les catalogues de la province de Toulouse, de la Compagnie de Jésus, qui se trouvent aux archives de la Compagnie, à Rome, ont une lacune considérable de 1680 à 1722.
On ne peut donc suivre le Père Louis de Surrel qu'à partir de l'année 1722. Avant cette année, où nous le trouvons à Auch, il a dû passer la plus grande partie des quinze ou dix-huit ans qui précèdent sa profession, soit à Toulouse, soit à Tournon, ville où se trouvait un noviciat et où étudiaient les scholastiques.
Après 1724 il manque cinq catalogues.
Il résulte des recherches dans les catalogues conservés que :
Le P. Louis de Surrel, en 1722, était au collége d'Auch procureur de la Maison et confesseur des personnes du dehors.
Le 2 février de cette même année 1722, toujours au collége d'Auch, avec d'autres religieux, il fit profession des quatre vœux entre les mains du R. P. Jacques Vanière, recteur.
En 1723, au collége du Puy, il était préfet des études secondaires (la philosophie et la théologie formant, à cette époque, ce que l'on appelait « les études supérieures, »

à l'intendance du Languedoc. Le cardinal de Polignac, avec lequel il était avaient un préfet à part). Le P. Louis de Surrel avait aussi la charge de confesseur des personnes du dehors.

En 1724, au collége de Carcassonne, il était conférencier dans l'église du collége, préfet des études, de l'église et de santé des internes; confesseur des personnes du dehors.

En 1729, procureur du collége de Tournon, il confessait en outre les personnes du dehors.

De 1730 à 1734 inclusivement, à la mission d'Annonay, il était missionnaire et confesseur des personnes du dehors.

En 1735 il se trouvait au collége de Billom, et, à partir du mois de novembre de cette année 1735, il dirigeait ce collége en qualité de recteur.

En 1736, à la Maison professe de Toulouse, socius du R. P. André Bertrand, provincial, le P. Louis de Surrel était aussi confesseur des personnes du dehors et consulteur de la province. De même en 1737, 1738, 1739. En cette année 1739, le P. provincial était le R. P. Etienne Cotony, qui avait pour socius le P. Louis de Surrel comme son prédécesseur.

De 1740 à 1745, le P Louis de Surrel était de nouveau à le mission d'Annonay, missionnaire et confesseur des personnes du dehors.

En 1745, au collége de Tournon, où il dirigeait comme préfet une confrérie d'ouvriers, et confessait les personnes du dehors.

De même en 1746.

Les catalogues s'arrêtent à cette époque. La Compagnie ne devait pas tarder à être supprimée, sous le pontificat de Clément XIV, 1769-1774.

Des archives de la Compagnie de Jésus, à Rome, ce mardi 23 février 1886.

Certifié conforme :
Signé : RAOUL DE SCORAILLE, S. J.

lié d'amitié, écrivit son éloge en vers latins au dos d'un de ses portraits. Un autre éloge de lui est ainsi écrit de la main du peintre au dos d'un portrait dont il ne reste malheureusement que la toile et ces lignes :

Joannes-Petrus Surrel in Supremo-
Tolosarum Senatu causarum Actor,
nec non Provinciæ summo jure Præpositi
Subdelegatus, cujus exteriora vultûs linea-
menta penicillo sic expressit Andreas-
Reynaud filius, Pictor Valentinus.
anno ætatis ipsius 46º. reparatæ vero sa-
lutis anno 1733º.
. . . . Hic ille est
Vir probus, omne forum quem spectat et
omne Tribunal.
Cui pudor et justitiæ soror
Incorrupta Fides, nudaque veritas
Quando ullum invenient parem,

Sicg. incoctum generoso pectus honesto.

Graphicam eximii illius animi iconem
Posteris libens et ex animo tradere
Gestiit amicus observantissimus
      P.V.M.D.

Jean-Pierre de Surrel eut quatorze enfants de son mariage avec Marie de Bourbon de Pomeyrol. Parmi eux l'on distingue :

1° Jeanne-Isabeau (1723-1802) et sa sœur Louise (1730-1801), qui furent religieuses à l'abbaye royale de Chazeaux, à Lyon.

2° Jean-Pierre-Charles, qui suit.

3° Jacques-Louis, tige de la branche cadette, dont on parlera plus loin.

Jean-François-Régis de Surrel, ordinairement appelé M. de Châteauneuf, (d'un fief près le Monastier) (1735-1809). Jurisconsulte distingué, il fit partie du Parlement des Etats du Languedoc et professa le droit à l'Université de Toulouse. Marié à Jeanne de Bastard, de la famille du président du Parlement de Toulouse; il n'en eut pas d'enfants.

5° ANDRÉ-DOMINIQUE (1733) et

6° HENRI (1739), tous les deux officiers dans l'armée de Soubise, et le second porte-étendard, furent tués l'un et l'autre à la bataille de Rosbach, 5 septembre 1757.

v. Haut et puissant seigneur, messire **Jean-Pierre-Charles de SUR-REL de SAINT-JULIEN** (1729-1772), écuyer, seigneur de St-Julien et Roche-Baron en Velay; coseigneur-marquis de la Fare, seigneur du Cros-Verdier, la Tour-de-Constance, Autheyrac, Leyris et autres places en Vivarais; avocat au Parlement de Toulouse et bailly du Monastier, épousa Claire-Thérèse la Combe de Brunel de Saint-Marcel (1), dont il eut neuf enfants, entre autres :

1° JACQUES-CLAIR-STANISLAS, appelé M. du Cros, né le 8 mai 1761, mort le 15 avril 1819; se fit remar-

---

(1) Claire-Thérèse de St-Marcel, devenue veuve en 1772, régenta la seigneurie du Cros-Verdier pendant la minorité de son fils aîné M. du Cros ainsi qu'il appert par la transcription fidèle de la pièce authentique suivante :

L'an mil sept cens soixante seze et le vingtieme jour du mois de juin pardevant nous Jean Claude André avocat en parlement et juge en la cour ord^{re} du Cros-Verdier tenant l'audience.

A comparu Me Jacques Darlis praên habitant du bourg de Monestier qui nous a dit avoir obtenu de provisions de la charge de greffier de lad. terre et seigneurie du Cros-Verdier

quer par son noble courage à l'époque de la Révolution, tandis qu'il présidait la Société catholique-royaliste du Monastier, c'est en sa qualité de président qu'il adressa, avec M. d'André, secrétaire de la société, une

a luy données par dame Claire Thereze de Brunel de St Marcel veuve de feu noble J. Pierre Charles de Surrel seigneur de St-Julien, coseigneur marquis de la Fare, seigneur du Cros et fondée de procuration de noble Jacques-Clair Stanislas de Surel son fils aîné, datées du vingtième juin 1776 en bonne et due forme qu'il nous a exhibé nous requerrant de recevoir le serment auquel il est soumis par lesd. provisions pour par luy exercer a l'avenir ladite charge, jouir des honneurs, prerogatives et emolumens y attachés nous remettant a ces fins lesd. provisions dont il a requis acte et a signé.

J. Darlis.

Nousd André juge avons donné acte aud Me Darlis de la comparuôn, dires et requisition, ensemble de la remise à nous faite des provisions sus énoncées auquel effet avons, de lui, pris serment la main mise sur saints Evangiles moyennant lequel il a promis de bien et fidèlement exercer ladite charge de Greffier, et ce fait l'avons installé en icelle et ordonné à tous les emphiteotes et autres justiciables de ladite seigneurie de, à ce, le reconnoitre et avons signé et rendu aud. sr Darlis lesd. provisions qui resteront au greffe attachées en minute au présent verbal pour y avoir recours autant que de besoin.

André, juge.

On lit au dos : 20e juin 1776 verbal de prestaôn de serment de Me Jacques Darlis pour le greffe du Cros-Verdier.

lettre à Louis XVI, pour témoigner au roy-martyr son dévouement et sa fidélité (Conférences ecclésiastiques du Puy, 1845, p. 80).

2° Louis-François-Antoine, M. de Saint-Julien (1762-1847), fut Chevalier de St-Louis, capitaine au régiment de la Couronne; il émigra dans l'armée de Condé, et se retira au château du Cros, vers 1808, après l'émigration. En 1830 il fut arrêté à cause de la ressemblance de sa figure avec celle du roi Charles X, mais on dut s'apercevoir bientôt de cette flatteuse méprise.

3° Jeanne-Marie, mariée le 24 novembre 1785, à Dominique de Giraud, garde-du-corps du roi.

4° CHARLES-RÉGIS, M. d'Auteyrac (1765-1850), fut arrêté comme royaliste à l'époque de la Terreur, et la mort de Robespierre put seule le faire échapper à une mort certaine. Il succéda à M. du Cros, son frère, pour la gestion du temporel des Religieuses de Sainte-Claire, dont le couvent lui avait servi de prison pendant la Terreur.

5° MARTHE-CLAIRE-ANTOINETTE Mlle de Roche-Baron (1770-1826), épousa, le 15 septembre 1789, Jean-Léon de Cayres, seigneur de Plafourés et de Blazère, garde-du-corps de Monsieur, frère du Roy.

6° JEAN-STANISLAS, qui suit.

VI. Jean STANISLAS, M. de Leyris (1771-1852), émigra et fut officier dans l'armée de Condé ; plus tard, après avoir épousé, 8 décembre 1807, Anne-Marine Odouard, l'oncle de sa femme, M. Cretet, ministre de l'Empereur, le fit nommer receveur particulier des finances à St-Gaudens, ses opinions légitimistes lui valurent l'honneur d'être destitué en 1830. Il eut quatorze enfants, parmi lesquels :

1° Louise (1814-1877), mariée à M. Galien d'Adiac, dont deux fils religieux de la Compagnie de Jésus, et une fille religieuse du Sacré-Cœur.

2° Régis-Antoine-Narcisse, qui suit ;

3° Amédée-Charles-Marie (1817-

1885), épousa 1° Elisa Rey, dont un fils Charles et une fille Ernestine; 2° Céline de Latour-Latoue, dont il eut deux filles;

4° GABRIELLE, mariée à son cousin-germain, Luc de Giraud, dont un fils, Charles, et une fille mariée à M. Castan, aujourd'hui colonel d'artillerie, directeur de la poudrerie du Bouchet;

5° ADÈLE (1820), mariée à Dominique Teillard de Bénac, ancien capitaine de cuirassiers, Chevalier de la Légion-d'Honneur; elle a deux filles;

6° VIRGINE-HENRIETTE (1822), épousa en 1856 M. Lay, au château de Gourdan, près Toulouse; elle a quatre enfants, dont un fils, Joseph;

7° HONORINE (1824, restée célibataire;

8° HENRI-LOUIS (1825), épousa en 1857 Berthe-Odde de la Tour du Villard; il en a quatre enfants dont un fils, Hippolyte;

9° ERNEST (1826-1857), prêtre;

10° CASIMIR (1828), marié à Eugénie de Villepey, dont il a deux filles;

VII. Régis-Antoine-Narcisse de SURREL de SAINT-JULIEN, marquis de la Fare, chef actuel de la Maison de Surrel, ancien conservateur des hypothèques, né à Saint-Gaudens le 29 octobre 1815, a épousé le 2 mai 1854, Jeanne-Marie-Amicie, fille de Jean-Gilbert-Désiré, comte de Cousin de la Tour Fondue et de Henriette de Retz de Bressoles, dont il a :

1º Henri (28 mars 1855), ordonné prêtre au Puy, le 11 juin 1881, résidant à Rome;

2º Amédée-Henri-Marie comte de Saint-Haond, héritier présomptif du chef de la Maison de Surrel, né le 12 juin 1856, a épousé le 6 mars 1883, Hélène du Sablon du Corail, dont :

 A. François, né le 29 avril 1884.
 B. Edmond, né le 28 mars 1887.

3º Dominique (10 mars 1858), baron du Bouchet;

4º Ernest, Comte de Monchand, né le 10 avril 1861, épouse le 8 juillet 1886, Marie Grenot du Pavillon, dont :

Pauline, née le 28 mars 1887.

5° Emmanuel (1863-1864);

6° Gabriel (8 mars 1865);

7° Joseph (12 février 1867);

8° Aménaïde, Mademoiselle de St-Julien (30 mars 1868).

BRANCHE CADETTE

Désignée sous les noms

De SURREL de MONTBEL.

Elle est issue de :

I. Jacques-Louis, écuyer, seigneur de Montbel (1732-1797), capitaine, commandant la lieutenance colonelle du régiment de Vivarais, dernier baillif du Monastier, épousa Marthe Sahuc de Beux, dont la sœur, Marie Gertrude, avait épousé Augustin Porral de Saint-Vidal ; il en eut entre autres enfants :

1° JEANNE, mariée à M. Sauret de la Bastide.

2° RÉGIS-CHARLES-LOUIS, né en 1772, enseigne aux chasseurs nobles (cavalerie); après la Restauration, garde du corps du roi (compagnie Grammont), il en sortit retraité comme lieutenant-colonel, chevalier de St-Louis, de St-Ferdinand d'Espagne et de Charles III, officier de la Légion-d'honneur. Il épousa Charlotte de Robert du Gardier dont il eut deux filles et un fils : Charles, filleul de Charles X, qui est décédé en 1877.

3° Augustin-Edmond, qui peu avant la grande Révolution s'embarqua pour St-Domingue.

4° Félix, né en 1778, brigadier dans les gardes du corps, compagnie Noailles.

5° Gertrude, religieuse de la Visitation, décédée au couvent de Grasse (Var), en 1858. Sa biographie est dans les Annales nécrologiques de sa congrégation.

6° Henri-Augustin, qui suit :

II. Noble **Henri-Augustin de SURREL de MONTBEL**, (1782-1862), contrôleur principal de première classe des contributions directes; épouse Jeanne Sahuc dont entre autres enfants :

1° Eléonore, morte à Grasse, religieuse de la Visitation.

2° Louis-Henri, qui suit.

3° Félicie (1815-1861).

4ᵉ Félix-Alexandre (1818-1885), épouse Thérèse Vincent, dont une fille, Louise, née en 1857.

III. Louis-Henri de SURREL de MONTBEL, né le 22 décembre 1810, ancien contrôleur principal de 1ʳᵉ classe des contributions directes, résidant au Puy. Il est le chef existant de la branche cadette de la Maison de Surrel; il a de son mariage, 1ᵉʳ mars 1849, avec Augustine Hugon des Rhullières :

APPENDICE

A. EXTRAIT LITTÉRAL DU CARTULAIRE

DE

CHAMALIÈRES

Dont un résumé a été énoncé dans le *Mémoire*

De Bauzac

P. 26 et 27.

65. — Anno ab Incarnacione Domini M. C. LXII, rege Lodovico regnante, domino Petro Podiencium existente episcopo, Petrus Desiderii quidam miles de Miseris qui apud Tornocium monacus factus fuerat, voluit filium suum Girbertum monacum fieri in hoc loco qui Camalarie dicitur. Pro beneficio cujus dimisit decimas quas habebat in parrochia de Bauzac, silicet Laurec, in uno manso quartam partem decime, Ligairolas, dimidiam decimam in uno manso, Sostellas quartam partem, Branzac I met-

De Bauzac

L'an de l'Incarnation du Seigneur, 1162, le roi Louis régnant, le seigneur Pierre étant évêque du Puy, un certain chevalier de Mézères, Pierre, fils de Désiré, qui avait été fait moine à Tournus, voulut que son fils Girbert fut fait moine en ce lieu appelé Chamalières. En sa faveur il abandonna les dîmes qu'il avait dans la paroisse de Bauzac, à savoir pour celle de Laurec, la quatrième partie de la dîme en un manse, la moitié de la dîme de Ligairoles en un manse, la quatrième partie de celle de Sostelles, 1 mettan d'avoine

teinc anone, Vaure I sest. anone; preterea promisit C. solidos et illum vestitum vestibus et lecto. Deinde pridie nonas Januarii, mater pueri Florencia et fratres ejus W et Bertrandus adduxerunt illum sic paratum sicut pater promiserat, et laudaverunt et confirmaverunt hec que pater dimiserat in presencia nostra qui tunc temporis sub Domno Beraldo abbate hunc locum tenebam. Testes sunt Poncius Aimarici, W, de Miseris, PETRUS JOANNIS omnisque conventus et familia domus. Et est notandum quod ego Petrus de Bellomonte donavi predictos C solidos et plus L. Monasterio Sancti Teohtfredi pro placito pueri.

de Branzac, 1 setier d'avoine de Vaure; il promit en outre cent sols plus le vêtement et le lit de son fils. Ensuite, la veille des nones de janvier, Florence, mère de l'enfant, Guillaume et Bertrand ses frères, le conduisirent, apportant tout ce que leur père avait promis, ils approuvèrent et confirmèrent les abandons que le père avait faits en notre présence de nous qui en ce temps-là gouvernions le monastère sous l'abbé Dom Bérald. Sont témoins Pons, fils d'Aimaric, W. de Mézères, PIERRE FILS DE JEAN et tout le couvent avec les familiers de la maison. Et il faut marquer que moi, Pierre de Beaumont j'ai donné lesdits cent sols plus cinquante au monastère de Saint-Téohtfrède pour faire plaisir à l'enfant.

In perochia Sancti Johann's deus Bracos

Dans la paroisse de St-Jean-d'Oubrigoux.

P. 27 et 28.
66. — .....
67. — Unde anno ab incarnacione Domini M. C. LXIII,

Par suite, l'an de l'incarnation du Seigneur, 1163, sous le règne du roi Louis,

Lodovico rege regnante, Petro Podiensium existente episcopo, III Kalendas aprilis, ego Petrus de Bellomonte prior loci traxi eum in causam ante Durantum de Bellomonte dominum ipsius oppidi, qui utriusque partis alegacionibus auditis, in eis concordiam posuit ut dimisso omni usu sepulture et retro decimis et pane et gallina de Mazelet, donarem sibi XXX solidos et unam pelliceam. De apendariis, illam de Charaizac cognovit esse bajuli, alteram cognovit esse nostram, exceptis illis que in ea testibus comprobaret sibi dimissa a Joanne Calcato priore istius loci, et in hac apendaria erat una domus ex supra dictis cum orto, alteram domum cum orto omnino dimisit. De ortis dictum est ut nullomodo sibi vendicaret absque voluntate prioris. De brolio cautum est ut testibus abprobaret quod pater suus illud ex eremo projecisset, sini autem illud dimitteret. Et haec omnia fide firmavit in manu nostra ut sic ulterius teneret et nullomodo

du vivant de Pierre, évêque, le 3 des calendes d'avril, moi, Pierre de Beaumont, prieur du lieu, je l'ai (un bailli de Chamalières appelé Agnellus) traduit en justice devant Durant de Beaumont seigneur de cette place forte (de Saint-Jean d'Oubrigoux). Celui-ci, ayant entendu les raisons des deux parties, posa comme conditions de paix que, pour l'abandon de tout droit de sépulture et en retour des dîmes, du pain et de la poule de Mazelet, je donnerai au bailli trente sols et une fourrure. Il déclara que l'un des domaines de Cheyrac appartenait au bailli, l'autre à nous, à l'exception de ce que le bailli prouverait, devant témoins, lui avoir été abandonné par Jean Calcatus, prieur de ce lieu ; comme dans ce domaine il y avait une des maisons citées plus haut avec le jardin attenant, il abandonna complètement l'autre maison avec son jardin. Il fut convenu au sujet des jardins, qu'il ne les revendiquerait pour lui en aucune manière sans la volonté

removeret. Preterea post fidem suam dedit fidejussorem ipsum Durantum de Bellomonte. Testes sunt W. de Altaripa tunc prior Podii, Petrus Sancti Joannis monachus et famuli nostri, Umbertus et Bernardus et milites ipsius castri, Oto silicet, Bertrandus Giberti, Poncius filius ejus, Bertrans de Alamanciis et W. frater ejus et presbiteri W. JOANNIS, Petrus Vaiserie, Juvenellus, Durantus de Pireto et plures alii.

du prieur. En ce qui concerne le pré, il fut prudemment observé que le bailli aurait à prouver, devant témoins, que son père avait retiré ce pré de friche, sans cette preuve il devrait l'abandonner. Et le bailli prêta serment entre nos mains qu'à l'avenir il se tiendrait dans ces limites et ne s'en écarterait aucunement. Après ce serment, Durant de Beaumont donna encore le sien. Les témoins sont Guillaume d'Hauterive alors prieur du Puy, Pierre, moine de St-Jean (sans doute St-Jean de Retournac, tout proche de Chamalières), et nos serviteurs, Humbert et Bernard; aussi les chevaliers qui résident dans cette place (de St-Jean d'Oubrigoux), à savoir: Oton, Bertrand fils de Gibert et Pons son fils, Bertrand d'Allemances et son frère Guillaume; enfin les prêtres GUILLAUME FILS DE JEAN, Pierre Vaisére, Juvenel, Durant de Peyre et plusieurs autres.

In perochia Sancti Mauricii
P. 28 et 29.
68. — !.....
69. — Unde anno Incarna-

Dans la paroisse de St-Maurice

Par suite, l'an de l'Incar-

cionis Domini M. C. LXIII, XVIII Kal, maii, epacta XIII, Domino Petro Podiensium existente episcopo, Domino Beraldo abbacie Sancti-Teohtfredi presidente, ego Petrus de Belmonte prior loci traxi W. Agnonem in causam in qua ita decisum est Quod ego donarem ei quidquid prioratus habebat in villa que dicitur Ram, silicet III meiteinc anone et III solidos et redimerem pignora que ibi W. posuerat pro C. X. solidis et propter hoc ipse firmavit in manu Aumari de Artigiis ut omnino manso dimisso, nichil ulterius meo exigeret. Testes sunt Aimarus, G. Ebraldi, P. Johannis et plures alii.

nation du Seigneur, 1163, le 18 des kalendes de mai, épacte 13, le seigneur Pierre vivant évêque du Puy, sous le gouvernement de Dom Berald, abbé de St-Téohtfrède (sic), moi Pierre de Beaumont, prieur du lieu, j'ai traduit en justice Guillaume Agnellus *(c'est probablement du même Agnellus plus haut cité dont il s'agit)*. Voici le jugement : « Je lui donnerai tout ce que le prieuré possédait dans le village de Ranc, à savoir 3 mettans d'avoine et 3 sols, et je reprendrai les gages que ledit Guillaume y avait déposés pour cent dix sols. C'est pourquoi il a juré entre les mains d'Aumar d'Artias de ne plus rien exiger de moi dès qu'il aurait complètement abandonné le manse. Les témoins sont : Aimar, G. fils d'Ebrald, Pierre, fils de Jehan et plusieurs autres.

In perochia de Bauzac
P. 31 et 32.

75. — Eodem anno luna XII, III idus novembris, Lo-

Dans la paroisse de Bauzac

La même année, la douzième lune, le trois des ides

dovico rege regnante, domino Petro de Sollemniaco Podiencium existente episcopo, Beraldo vero Monasterii abbate, Petro de Bellomonte priore, Aumarus de Artigiis clericus obtulit Deo viventi et beate Marie et omnibus sanctis et Monasterio Sancti Teohtfredi et loco Camalariarum Durantum filium suum quem ibi voluit monacari. Pro quo donavit eidem Monasterio Camalariarum unam apendariam in villa que vocatur Casota et hec ex genere contengebat ei. Dedit ibidem et alteram quam emerat de JOHANE SURRARDI DE BAUSACO. De quibus exeunt I meiteinc frumenti, I meiteinc anone. sextarium civate et ad festum sancti Andree IIII solid., III galline. Donavit iterum nemus quod est desuper. Testes sunt Guigo de Chareis, miles, W. de Miseris, sacrista. Hec omnia sine conditione, sine omni impedimento, sicut ipse tenebat et possidebat donavit, cum consilio fratris sui Duranti de Artigiis qui ea laudavit. Laudavit eadem Poncius, filius Duranti. Tes-

de novembre, sous le règne du roi Louis, du vivant de Pierre de Solignac, seigneur évêque du Puy, Bérald étant abbé du monastère et Pierre de Beaumont, prieur. Aumar d'Artias, clerc, offrit à Dieu vivant, à la bienheureuse Marie, à tous les saints, au monastère de St-Téohtfrède et au lieu de Chamalières, son fils Durant qu'il voulut faire moine en cet endroit. C'est pourquoi il donna au même monastère de Chamalières une terre au village appelé la Chasotte et cette terre lui venait de son patrimoine. Il donna au même endroit une autre terre qu'il avait achetée de JEAN DE SURREL DE BAUZAC. Le revenu de ces biens consiste en 1 metan de froment, 1 metan d'avoine, 1 setier de seigle et à la fête de saint André quatre sols, trois poules. Il donna encore un bois placé au-dessus des terres. Les témoins sont Guigues de Charrées chevalier, Guillaume de Mésères, sacristain. Tous ces biens furent donnés sans condition, exempts de tous empêche-

tes sunt Guigo de Chareis, miles, W. de Miseris, sacrista, PETRUS JOHANNIS, operarius, omnisque conventus, Poncius de Rialeriis et Petrus frater ejus et plures alii. Deinde post paucum tempus commutavimus predictum nemus cum eodem Duranto, pro quo dedit nobis II solidos censuales et I gallinam in mancione et orto quod tenet mic... quod laudavit iterum Poncius.

ments, Aumar les donna tel qu'il les possédait et en jouissait; tel fut le conseil de son frère Durant d'Artias, qui applaudit à ces actes ainsi que Pons, fils de Durant. Les témoins sont Guigues de Charrées, chevalier, Guillaume de Mésères, sacristain, PIERRE, FILS DE JEAN, économe et toute l'assemblée, Pons de Rialères et Pierre son frère, et plusieurs autres. Peu de temps après nous avons fait un échange avec le même Durant du bois dont nous avons parlé plus haut et pour cela il nous a donné 2 sols de cens et 1 poule à prélever dans le manse et le jardin qu'il possède..., ce que Pons a de nouveau approuvé.

In perochia de Retornac

P. 32.

76. — Anno ab incarnatione Domini M. C. LXIIII, Nonas Marcii, Lodovico rege regnante, Domino Petro de Sollemniaco Podiencium existente episcopo, P. de Belmunte Camalariarium priore sub Domino Beraldo, abbate

Dans la paroisse de Retournac

L'an de l'Incarnation du Seigneur, 1164, aux nones de mars, sous le règne du roi Louis, du vivant de Pierre de Solignac, seigneur évêque du Puy, Pierre de Beaumont, étant prieur de Chamalières, sous le gouvernement de

monasterii Sancti Teohtfredi, obiit Eschiva, uxor Ebrardi clientis de Artigiis, pro cujus anima ipse Ebrardus donavit Deo et huic monasterio Camalariarum censualiter I cart, anone, I civate in villa que vocatur Lingustras, in manso abbaticio. Hoc et dono concessum est hujus monasterii beneficium ipsi et omni generi suo tam vivis quam defunctis, ut Dominus Jeshus vivos ad emendationem vite perduceret et defunctis requiem sempiternam daret. Testes sunt W. de Miseris, sacrista, Poncius Aimarici, prior claustralis, P. JOHANNIS OPERARIUS, omnisque conventus, Ugo de Cerveira, Poncius Rialeriis et Petrus frater ejus.

Dom Berald, abbé du monastère de St-Téohtfrède, mourut Eschiva, femme d'Ebrard client d'Artias. Pour le repos de son âme, Ebrard donna à Dieu et au monastère de Chamalières, en forme de cens, un carton de blé et un de seigle à prendre dans le village appelé Lingoustre, dans le manse abbatial. En retour de cette donation, le monastère accorda ses suffrages à Ebrard et à tous les siens vivants ou morts, afin que le seigneur Jeshus purifia l'existence des vivants et donna aux morts le repos éternel. Les témoins sont Guillaume de Mésères, sacristain; Pons, fils d'Aimaric, prieur claustral, PIERRE, FILS DE JEAN, ÉCONOME, et toute l'assemblée, Ugue de Cerveires, Pons de Rialères et Pierre, son frère.

In perochia Camalariarum

Dans la paroisse de Chamalières

77. — Eodem anno, III idus marcii, obiit Faina uxor Ermidonis de Roca, pro cujus sepultura ipse Ermido donavit I apendariam in villa

La même année, le 3 des ides de mars, mourut Faina, femme d'Ermidon de Roche; à raison de sa sépulture Ermidon donna une terre sise

de Pigeriis et simili modo concessum est ei hujus Monasterii beneficium et omni generi suo. Testes sunt W. de Mi(seris), sacrista, Pontius Aimarici, prior claustralis, P. OPERARIUS, omnisque conventus; Aumarus et Durantus frater ejus, G. de Chareis, P. de Rialeriis et Petrus frater ejus, Jaufridus, bajulus. Post paucos annos dedit LX solidos filiis suis ut eam laudarent.

In perochia Retornac.
P. 36.

88. — Quod inter presentes gestum est, posteris per scripta significare curamus, scilicet quod anno ab incarnacione Domini M.C.LXV, XI Kalendas februarii, Petro Podiencium existente episcopo, B ecclesie Sancti Teohtfredi abbate, Aumarus de Artigiis clericus vovit se Deo viventi et Beate Marie et monasterio Camalariarum in presencia Petri de Belmunte, prioris, ita ut dum viveret utilitati ejusdem mo-

au village de Pigeyres et on accorda pareillement pour lui et toute sa famille les suffrages de ce monastère. Sont témoins G(uillaume) de Mézères, sacristain, Pons, fils d'Aimaric, prieur claustral, PIERRE (FILS DE JEAN) ÉCONOME, et tout le couvent; Aumar (d'Artias) et Durant son frère, (Guigues) de Charrées, P. de Rialères et Pierre son frère, Jaufridus, bailli. Quelques années après, il donna cinquante sols au nom de ses fils en souvenir de leur mère.

Dans la paroisse de Retournac

Nous avons soin de transmettre par écrit à la postérité, ce qui s'est passé de nos jours, à savoir que l'an de l'incarnation du Seigneur, 1165, le 11 des kalendes de février, Pierre, étant évêque du Puy, B. abbé de l'église de Saint-Téohtfrède, Aumar d'Artias, clerc, fit vœu à Dieu vivant, à la bienheureuse Marie et au monastère de Chamalières en présence de Pierre de Beaumont, prieur, de veiller tant qu'il vivrait au bien de

nasterii provideret, et priori semper adjutor et conciliarius in bonis existeret, et habitum religionis absque ejus concilio et voluntate nusquam susciperet. Deinde obtulit filium suum Bonifacium ut fieret monacus, pro quo redemit unum mansum in villa de Chareis quem dimisit nobis. Et est notandum quod hunc mansum dederat Maria que fuerat conjux Jarentonis de Malzivernas et Rainerius, filius eorum. Sed pignori pro CCC. solidis fuerat. sicut alibi hec omnia scripta habentur. Testes Po. Aimarici prior, P. JOHANNIS, W. de miseris, omnis que conventus; Po. Rialeriis et P. frater ejus, Gaufridus bajulus et plures alii.

ce monastère, d'être toujours le soutien et le bon conseil du prieur, enfin de n'entreprendre aucun acte de religion sans son approbation et sa volonté. Il offrit ensuite son fils Boniface pour qu'il devint moine; dans cette intention il racheta un manse au village de Charrees et nous en fit l'abandon. Il est à remarquer que ce manse nous avait été donné par Marie, femme de Jarenthon de Malzivernas et par leur fils Rainerius. Mais il avait été mis en gage pour trois cents sols, ainsi que cela et tout le reste a été écrit ailleurs. Les témoins sont Po. fils d'Aimaric, prieur, PIERRE, FILS DE JEAN, Guillaume de Mézères et tout le couvent, Pons de Rialères et P. son frère, Gaufridus, bailli, et plusieurs autres.

De Camaleriis.
P. 67.
162. — ...
163. — Scriptis debemus tradere ex que posteros volumus non latere. Unde presenti scripto tradimus quod anno ab incarnatione Domi-

De Chamalières

Nous devons confier aux écrits ce que nous voulons ne pas cacher à la postérité. C'est pourquoi nous livrons au présent écrit que Pons,

ni M.C.L.XX.II, obiit. Pontius Aguirelli qui antequam extremis ageretur, dimiserat Deo et huic loco Camaleriarum quicquid habebat in decimis de Planezis et in villa de Pigeriis. Post mortem cujus hoc idem laudavit Blancus, frater ejus, in presentia Pontii de Chalancone prioris et P. Johannis, operarii, et Gaufredi, monachi, et quorumdam aliorum.

fils d'Aguirel, mourut l'an de l'incarnation du Seigneur, 1172. Avant d'être à l'extrémité il avait fait l'abandon à Dieu et à ce lieu de Chamalières de toutes les dîmes qu'il possédait à Planèzes et au village de Pigères. Après sa mort, Blanc, son frère, approuva cette donation en présence de Pons de Chalencon, prieur, Pierre, fils de Jean, économe, Geoffroi, moine et quelques autres.

De decimis de Rocha.

P. 38.

93. — Usu et veterum traditione monemur ut que perpetuo servare volumus, auctoritate scripture roboremus. Hinc est quod ad presentium posterumque notiam mittere volumus quod, domno W⁰ de Varcia abbate Sancti Teothfredi existente et P. de Cervissas monasterio Camaleriarum presidente, Matheus de Roseriis et D. de Rocha, laude et voluntate ipsorum, decimas Esmidonum de Rocha emerunt et uni eorum, Esmidoni scilicet de Rocha

Des dîmes de Roche

L'usage et la tradition des anciens nous avertit de fortifier par l'autorité d'un écrit ce dont nous voulons toujours conserver la mémoire. De là, cette notice que nous adressons aux contemporains et à la postérité sur l'acquisition des dîmes d'Esmidon de Roche au temps de Guillaume de Varcia, abbé de St-Téothfrède et tandis que P. de Cervissas gouvernait le monastère de Chamalières; encouragés et approuvés par eux, Mathieu de Rosières et D. de Roche

cui hec decime jure hereditario contingebant, mille et XL solidos sederunt. et insuper filium prefati E, nulla pecunia mediente et sine expensis, in eodem monasterio monachum susceperunt. Et ut liberius possent possidere quod tam care videbantur emere, ab ipsis dominis a quibus ipsas decimas dicebantur habere, scilicet delz Rorgues de Polemniaco et Ugone de Lode et a Raimundo Radulfo et a filiis eorum laudem et assensum habuere Ex quo li Rorgue C. solidos et Raimundus Raols LXX habuerunt. Hec itaque emcio et laudatio facta est in curia de Rocha in presentia Guigonis Canonici Sancte Marie, et nepotis ejus eodem nomine vocato, quibus prefate decime alodium erant, à quibus antedicti milites li Rorgue et ceteri pro feudo tenebant. Hanc itaque emcionem illibate et sine omni contradictione Esmido de Rocha qui hanc vendicionem fecit et uxor ejus et filii, tactis evangeliis fideliter se tenere compromiserunt. In-

achetèrent ces dîmes et ils donnèrent mille et quarante sols à Esmidon de Roche seul auquel les dîmes appartenaient par droit d'héritage, en outre ils firent recevoir comme moine dans ce monastère le fils dudit Esmidon, sans dot ou autre avantage. Et afin de posséder plus librement ce qu'ils avaient si chèrement acheté, ils obtinrent le consentement et l'approbation de tous les seigneurs auxquels ces dîmes étaient prétendues appartenir à savoir les seigneurs de Rorgues, de Polignac, Ugon de Loudes et Raymond, fils de Radulfe et leurs fils. Les Rorgues eurent cent sols et Raymond Radulphe soixante-dix. Ces acquisitions et approbations furent faites dans la salle de Roche en présence de Guigon, chanoine de Sainte-Marie et de son neveu appelé de même, qui avaient ces dîmes en aleu et les faisaient tenir en fief par les susdits chevaliers de Rorgues et autres. Esmidon de Roche, qui avait vendu les dîmes, son épouse et ses fils

super Guigonem dominum de Rocha fidejussorem priori et fratribus Camalariarum dederunt, ipsumque tutorem et defensorem, ipso G. favente, statuerunt. Horum omnium testes sunt PETRUS, JOHANNIS, SACRISTA, G. Ebraldi, Simeon, Jordanus, Bonefacius, G. de Singau, Odo et ceteri fratres, et Durantus capellanus de Rocha qui his omnibus interfuit et multi alii...

ayant touché les évangiles promirent librement et sans opposition, de respecter fidèlement ladite acquisition. De plus, ils désignèrent Guigon seigneur de Roche, comme témoin de leur serment devant le prieur et les frères de Chamalières, et, le même G. s'y prêtant, ils l'en établirent le gardien et le défenseur. De toutes ces choses furent témoins PIERRE FILS DE JEAN, sacristain, G., fils d'Ebraldus, Siméon, Jordan, Boniface, G. de Singau, Odon et les autres frères; Durant, chapelain de Roche, qui fut mêlé à toutes ces négociations et plusieurs autres ..

In perochia Camaleriarum P. 69.

175. — Anno ab incarnatione Jeshu Christi M. C. LXXVI, romanam sedem Alexandro papa tenente et ceptrum imperii Frederico, regnante super Galliam domino Lodovico et P. aniciensi ecclesie presidente episcopo, et A. monasterii Sancti Theotfredi existente abbate, VIIII° ka-

Dans la paroisse de Chamalières

L'an de l'Incarnation de Jeshu Christ, 1176, le pape Alexandre occupait le siège romain et Frédéric tenait le sceptre de l'empire, le seigneur Louis régnait sur la Gaule et l'église d'Anis avait à sa tête l'évêque P, du vivant d'A., abbé du monastère de Saint-Téohtfrède, le 9 des

lendas maii, P. de Chalencone, prior hujus cenobii, emit a quodam milite Guigone de Chareias, et ab uxore sua Wuillelma, cum laude sui filii Wuillelmi et parentum eorum, terram de Champgiraut et medietatem de la Faiola (et) quicquid ad jus eorum in his locis poterat pertinere, tali convenientia quod ipse G. supradictus juravit in capitulo coram omnibus fratribus hujus loci et aliis quam plurimis qui de foris advenerant, quod nullam in hac terra ammodo querimoniam faceret per se neque per alios, sive exactionem. Et si ab aliquo propter hanc emptionem hec domus inquieta fuerit et ipse super illam domum deffendere non valeret, CCCC. LX solidos debuit redere, quos pro hac terra habuerat a prefato priore. Et hoc idem uxor sua in manu dompni A. abbatis sub jurejurando firmavit. Et fidejussores fuerunt propter hoc Aumarus de Artigiis et frater ejus D., Ugo de Ripis, R. Ademarus, Ugo Vivaz de Miseris. Testes sunt

kalendes de mai, P. de Chalencon, prieur de ce couvent, acheta d'un certain Guigon de Charrées, chevalier, et de son épouse Guillelmine avec l'approbation de son fils Guillaume et de leurs parents, la terre de Champgiraultet la moitié de la Faiole, et tout ce qui leur appartenait de droit en ces lieux; — les conventions étaient si bien réglées, qu'en présence de tous les frères de ce couvent et d'autres nombreux assistants venus d'ailleurs, ledit G. a juré au chapitre que par lui ou les siens il ne ferait jamais seulement une plainte ou une exaction au sujet de cette terre. Et si le couvent devait être inquiété par quelqu'un au sujet de cette acquisition et qu'il n'eût pas le pouvoir de le défendre il s'engageait à restituer 460 sols qu'il avait reçus du susdit prieur pour cette terre. Et son épouse prêta le même serment entre les mains du seigneur abbé A. Firent aussi serment pour cela Aumar d'Artias et son frère D. Ugue de Ripes, R. Ademarus, Ugue

P. de Rialeriis et S. filius suus et P. frater ejus, Rigaudus et S. frater ejus, J. Sureus, D., magister, et multi alii.

De villa Sancti Florii

P. 52.

131. — Prona est et artifex presens etas dolum machinari et nectere nodum in rebus quas attendit nullo munimine tueri. Id circo quod posteris mittere volumus, scripture defensione munire debemus, hoc scripto testificantes quod P. de Cervissas, cum Camalariis preesset, taliter deffinivit cum dominis de Munrevel videlicet Dalmatio et Eustachio et Poncio, de custodia quam vulgo vocamus guardam quam ipsi habebant in villa Sancti Flori, proqua ipsa villa erat dessolata et ad nichilum pene redacta. Quicquid itaque in ea juris habebant Deo et Sancto Egidio tradiderunt, hoc tantum sibi retinentes quod si predicta villa usque ad quatuor decim focos chabals succrevit, in unoquoque tantum

Vivas de Mésères. Les témoins sont P. de Rialères et S. son fils et P. son frère, Rigaudus et S. son frère, J. de Surel, D. professeur et plusieurs autres.

De la ville de Saint-Flour

Notre âge est disposé et habile à machiner la fraude et à cacher la raison des choses qu'il juge impossible d'abriter contre la curiosité. C'est pourquoi ce que nous voulons transmettre à la postérité nous devons le placer sous la garde de l'écriture, ainsi affirmons-nous par écrit que P. de Cervissas, alors qu'il était prieur de Chamalières, transigea avec les seigneurs de Monrevel, Dalmace, Eustache et Pons, au sujet des droits de custodie, que nous appelons vulgairement de garde, qu'ils exerçaient sur la ville de Saint-Flour, par lesquels droits ils avaient réduit cette ville à un état de désolation et presque au néant. Par suite, ils abandonnèrent à Dieu et à saint-Gilles tous leurs droits, se

illorum I eminatam civate et XII denarios et I gallinam poterunt, si voluerint, habere. Quod si ultra prefatum numerum villa excreverit, nichil in ea habebunt, neque boiradas, neque aliquas exactiones, et ut brevius dicamus, nullam penitus rem super ipsos habebunt, neque in ipsis XIIIIcim hoc habebunt, nisi hoc quod superius diximus. Hec itaque custodia Uguoni Artaldo pro DCC solidis pignori erat obligata, quam prior statuto die debet redimere et in dominium sui monasterii transferre. Quod factum fuit ab ipso Petro priore. Præter hoc fratrem illorum sine expensis, nullaque pecunia mediante, in monasterio Camalariarum, Uguonem nomine, prior recepit eumque monachum fecit. Hanc itaque transaccionem sive pactum jam dicti fratres se tenere fideliter et firmiter super IIIIor Euvangelia compromiserunt et insuper hos fidejussores dederunt Wuillelmum scilicet de Baffia, et Poncium de Belmunte et P. fratrem ejus, et Dalmatium

réservant seulement, dans le cas où ladite ville arriverait à s'accroître jusqu'à avoir quatorze feux chabals (sic), ils pourraient avoir s'ils le voulaient, mais en le prélevant en une fois sur l'ensemble des feux 1 émine d'orge, douze deniers et 1 poule. Que si la ville s'augmentait en proportion plus grande que celle plus haut indiquée, ils n'auraient aucun droit sur elle, ni boirades, ni autres redevances, et, en un mot, ils ne pourraient avoir d'autres droits, même sur lesdits quatorze feux que ceux indiqués ci-dessus. En conséquence cette custodie avait été cédée en gage sous forme d'obligation pour sept cents sols à Ugues fils d'Artaud et le prieur doit la racheter à un jour indiqué et la mettre sous l'autorité de son monastère. C'est ce qui a été fait par le même Pierre (de Cervissas), prieur. En outre, et sans autre avantage ou dot, le prieur a reçu et fait moine dans le monastère de Chamalières le frère des seigneurs de Monravel, appelé Ugues.

d'Ussom, et Lambertum de Rochabaro, et Petrum del Fais de Sancto Boneto, et Bertrandum de Chalenco. Si vero jam dicti fratres de Munrevel suasione diabolica contra prestitum juramentum memoratam villam in alico (sic) infestare presumpserint, jam dicti fidejussores dampnum ab eis inlatum teneantur ressarcire. Quod si et ipsi, quod absit, priori noluerint satisfacere, fidem datam parvipendentes, prior de eis lugdunensi, podiensi et claromontensi episcopis querimoniam debet facere, eosque et terram eorum et totam domus sue familiam vinculo excommunicationis potest innodari facere, nec hoc facta tali convenentia inter ipsos et priorem pro malo debent habere. Hec itaque omnia facta sunt in Camalariarum capitulo, priore P. de Cervissas presidente et ceteris fratribus coastantibus, multisque etiam defforis convenientibus. Qui omnes hujus rei testes sunt : Poncius Aimarix, prior claustralis, Petrus Johannis, sacrista, Ma-

Lesdits frères (de Monravel) ont promis sur les 4 évangiles de tenir avec fidélité et constance cette transaction ou pacte et ils ont encore présenté comme garants de leurs serments Guillaume de Baffie, Pons de Beaumont et P. son frère, Dalmace d'Usson, Lambert de Rochebaron, Pierre de Fais de Saint-Bonnet et Bertrand de Chalencon. Que si lesdits frères de Monravel étaient amenés par quelque suggestion diabolique à exiger quoi que ce fut de ladite ville malgré le serment qu'ils ont prêté, les susdits garants du serment sont tenus à réparer le dommage qui aurait été fait. Dans le cas, à Dieu ne plaise où ceux-ci faisant peu de cas de la parole donnée, se refuseraient à satisfaire le prieur, celui-ci doit sur eux porter plainte aux évêques de Lyon, du Puy et de Clermont, et peut les faire enchaîner dans les liens de l'excommunication eux et tous les serviteurs de leurs terres et de leur maison, et cette clause établie entre eux

theus de Roseriis, Symeon, cellararius, Geraldus de Singau, Bonifacius qui hoc scripsit, Girinus d'Artigiis, Bertrandus Malet, Petrus de Glavenas et ceteri fratres. Aumarus, clericus d'Artigiis, Poncius de Rialeriis, Silvius, Ber. et P. filii ejus, Aumas Coyro et D. et P. filii ejus, Durantus Aumas et filii ejus. Stephanus Rigaldus et frater ejus, Gotiscalcus bajulus, Johannes Olers et duo filii ejus, et multi alii.

et le prieur, il leur est défendu de la prendre en mauvaise part. Toutes ces choses ont été faites en la réunion du chapitre de Chamalières. sous la présidence du prieur P. de Cervissas assisté de tous les frères et de plusieurs venus du dehors. Tous ceux-ci sont témoins : Pons Aimarix, prieur claustral, PIERRE FILS DE JEAN, sacristain, Mathieu de Rosières, Symeon, cellerier, Geraud de Singau, Boniface qui a écrit ce récit, Girin d'Artias, Bertrand Malet, Pierre de Glavenas et les autres frères, Aumar clerc d'Artias, Pons de Rialères, Silvius et ses fils Ber- et P., Aumas Coyros et ses fils D. et P., Durant Aumas et ses fils, Stephane Rigaud et ses frères, Gotiscalque, bailli, Jean Olers et ses deux fils et plusieurs autres.

In perochia de Retornac.

Dans la paroisse de Retournac

P. 55 et 56.

136. — Presentibus et futuris, hac scriptura mediante, mittere volumus quod Aumarus clericus de Artigiis dedit Deo et Sancto Egidio

Par l'intermédiaire de cet écrit, nous voulons apprendre à tous présents et futurs que le clerc Aumar d'Artias a donné à Dieu et à saint Gil-

pro S. filio suo quem in monasterio Camalariarum monachum fecit, in villa de Santinac feudum in uno manos... Sic.

quem emit a Matheo bajulo de Roseriis, de quo exeunt II sextarii et emina sciliginis, et unus sextarius civitate *comble et choucha* et II sols et I gallina.

Similiter pro alio filio suo nomine Poncio quem in eodem monasterio fecit monachari, et pro matre sua Ermengarda dedit Sancto Egidio feudum in villa de Chabannolas quem emit a Wº ET PETRO DE BRUZAC et a matre eorum, ex quo exeunt III emine ciliginis et III emine civate et quinque solidi.

les pour S. son fils qu'il fit moine dans le Monastère de Chamalières, un fief au village de Sentinac en un manse..., il l'a acheté à Mathieu, bailli de Rosières, le revenu consiste en 2 septiers et une émine de froment, un septier d'orge *comble et choucha* (sic) 2 sols et une poule.

Il a donné encore à saint Gilles pour son autre fils nommé Pons qu'il a fait moine dans le même Monastère et en l'honneur d'Ermengarde sa mère un fief au village de Chabannoles, lequel fief il a acheté à GUILLAUME et à PIERRE DE BRUZAC (Bauzac) et à leur mère, on en tire 3 emines de froment, autant d'orge et cinq sols.

Roseriis.   *De Rosières*

P. 57.
142. — ...
143. — Quidam juvenis, Austorgius nomine, de Domosola, laborans in extremis, dedit deo et Sancto Egidio pro redemptione animesue cum laude et voluntate

Un jeune homme appelé Austorgue, de Maisonseule, souffrant des angoisses de l'agonie, donne à Dieu et à saint Gilles, pour le salut de son âme, avec l'approbation

fratrum suorum Petro et W. unam domum et unum ortum de quibus exeunt I cart., I gall., VI den.

In perochia Camalelarium.

P. 62 et 63.

153. — Quicquid pertrantant (— tractant) homines sub cursu temporis dignum memoria, tunc existit solidius cum scripture vel testibus comendatur. Omnibus igitur per hanc presentem paginam volumus innotescere quod anno ab incarnatione Domini M.CC.XII. R. de Mercorio hujus domus priore existente, quedam domina Girunda nomine et ejus filius nomine Arimandus atque uxor sua terrena pro celestibus respuentes, et sui novissima ante cordis oculos preponentes, donaverunt Deo et beato Egidio quicquid in villa de Pigeriis vel ejus territorio huc et illuc jure hereditario vel alio modo dicebantur habere. Et hoc fecerunt cum laude et assensu P. Truch, mariti dicte domine, et Arimandi, ecclesie

et du consentement de ses frères Pierre et Guillaume, une maison et un jardin dont on retire 1 cart., 1 poule, 6 deniers.

Dans la paroisse de Chamalières

Tout acte digne de mémoire accompli par les hommes dans le cours des siècles, a une existence plus solide lorsqu'il est confié à un écrit ou a des témoins. C'est pourquoi, dans cette présente page, nous voulons porter à la connaissance de tous que l'an de l'Incarnation du Seigneur 1212, du vivant de R. de Mercœur, prieur de cette maison, une dame du nom de Gironde et son fils nommé Arimande avec l'épouse de ce dernier, préférant les biens célestes à leurs biens terrestres, et mettant devant les yeux de leur esprit le moment de leur fin dernière, donnèrent à Dieu et au bienheureux Gilles tout ce qu'ils disaient posséder par droit héréditaire ou autrement dans le village de Pigères ou sur son territoire.

Aniciensis clerici, fratris ejus mariti. Predictus vero prior cognoscens tanta bona sint tam necessaria domui isti prestita, et attendens ad donum pronitum eorum animum et illorum necessitatem suo corde compassiens, recompensavit eis ad sua necessaria et debita propellenda de M. solidis et de V, solidis censualibus quos sumebat in quadam vinea in villa de Cheirac annuatim. Preterea dedit predicte domine Girunde silicet XX solidos, et uxori Arimandi XX, et P. Truch similiter XX, et XX prefato clerico, et Ademaro de Rocha, militi, I marcham argenti. Qui ut hoc donum fieret pro posse suo modis omnibus laboravit. Predicti vero omnes firmaverunt juramento super altare prestito atque reliquiis Sancti Egidii quod in isto dono nichil omnino quererent, nec super eo in aliquo domum istam ulterius molestarent. Et multis audientibus atque videntibus dicta G. domina et A. illius filius ad quos precipue ista donatio pertinebat, de dono in-

Et ils firent cela avec l'approbation et du consentement de P. Truch, mari de ladite dame, et d'Arimande, clerc de l'église du Puy, frère du mari. Mais le susdit prieur sachant de quelle nécessité seraient ces biens pour le Monastere et proportionnant au don l'intention et les ressources des donateurs y compatit et les récompensa selon leurs besoins et leurs dettes à éteindre par mille sols et cinq sols de cens qu'il percevait annuellement d'une vigne au village de Cheirac. Il donna en plus 20 sols à ladite dame Gironde, 20 sols à l'épouse d'Arimande, 20 sols à P. Truch et la même somme au clerc susnommé, enfin 1 marque d'argent à Ademar de Roche, chevalier. Il fit ainsi tout ce qui était en son pouvoir, afin que la donation fut effectuée. Et tous les susdits affirmèrent en prêtant serment sur l'autel et sur les reliques de saint Gilles qu'ils n'en prendraient rien contre cette donation et dans la suite n'inquièteraient jamais cette maison à son sujet. Alors vestirunt priorem. Testes sunt de hoc P. Boschez, P. de Chasellis, Odilo de Rocha, Nicolaus, V. Coyros, M. Mauricius, Jacobus, monachi, et totus conventus hujus domus in cujus presentia fuit factum. Et A de Rocha, miles, et B. sacerdos, Gotiscalcus, Wll. Coyros, P. Coyros, Pontius, bajulus, et P. filius ejus, Johannes Faber et filius ejus, Johannes de Rialeriis et D. frater ejus, Pontius Geraldus, Gregorius, Wll. Chavarius et B. et P. filii ejus, Pontius Surrellus et P. filius ejus, P. de Roseriis et Andreas filius ejus, Morez et abbas. frater ejus, B. Umbertus, P. Viga, P. Maders, J. Olers et J. filius ejus et P. illius nepos, et multi alii hujus ville qui investituram istam oculo ad oculum conspexerunt Prior quoque predictus fidejussores ab eis habuit, quod, sicut dictum est, nihil in dono amplius isto peterent, et quod a cunctis reclamatoribus et petitoribus, si forsitan exirent aliqui, modo et in perpetuum, sicut solet dici, ad

ladite Dame G., avec son fils A., que cette donation intéressait surtout, en investirent le prieur, comme plusieurs l'ont entendu et vu. De cela furent témoins les moines P. Boschez, P. de Chasellles, Odilon de Roche, Nicolas, V. Coyros, M. Maurice Jacques et toute l'assemblée de cette maison en présence de laquelle cela fut fait. Furent aussi témoins A. de Roche, chevalier et B. prêtre, Gotiscalque, Wll. Coyros, P. Coyros, Pons, bailli, et P. son fils, Jean Faber et son fils, Jean de Rialères et D. son frère, Pons Géraud, Grégoire, Wll. Chavarius avec ses fils B. et P., Pons de Surrel et P. son fils, P. de Rosières et André son fils, Morez et l'abbé son frère, B. Umbert, P. Viga, P. Maders, J. Olers et J. son fils, ainsi que P. son neveu, et plusieurs autres de ce bourg qui furent témoins oculaires de cette investiture. Le susdit prieur trouva encore parmi ceux-ci des garants du serment, afin que, comme il a été dit, il ne fut plus rien

racionem et ad justiciam se interponerent cunctis modis. Fidejussores sunt B. aniciensis episcopus, B. Chalanconi, Ademarus de Rocha. Et ut ista donatio firma atque immobilis semper permaneat, sigillorum B., predicti episcopi, et Sancti Theotfredi abbatis, fuit munimine atque auctentico roborata.

réclamé au sujet de cette donation; que si quelque demandeur ou réclamant venait à surgir, une fois pour toutes, suivant l'expression consacrée, ils auraient à interposer les lois de la raison et de la justice. Les garants du serment sont B., évêque du Puy, B. de Chalencon, Ademar de Roche. Et pour que cette donation demeurât ferme et inébranlable, elle fut munie et authentiquée du sceau de B., susdit évêque et de celui de l'abbé de Saint-Théotfrède.

B. DISCOURS

PRONONCÉ EN L'ÉGLISE DE SAINT-PIERRE

Ancienne Abbatiale des Chanoinesses Bénédictines

A Blesle, en Auvergne

Le Mardi 2 Mai 1854

Par M. l'abbé Ernest de SURREL de SAINT-JULIEN

A l'occasion du Mariage de son Frère

Régis de SURREL de St-JULIEN, marquis de la FARE

Avec Mademoiselle Amicie de COUSIN de la TOUR FONDUE (1)

Mon Frère, ma Sœur,

La religion qui reçoit le chrétien à son entrée dans la carrière de la vie, qui le suit jusqu'au

(1). Fille de Jean-Gilbert-*Désiré*, comte de Cousin de la

terme de sa course pour inspirer tous ses sentiments et diriger tous ses pas, ne pouvait abandonner ses enfants dans une circonstance solennelle qui décide de leur destinée pour le

Tour Fondue, et de Victoire-Antoinette-*Henriette* de Retz de Bressoles.

La famille de Cousin, de race chevaleresque, est originaire du Nivernais, elle était connue en Bourbonnais dès le 13e siècle; sa filiation est suivie à partir de 1295. La branche cadette de Cousin de la Vallière est établie depuis le quatorzième siècle à Saint-Sulpice-la-Pointe (Tarn), dont elle tenait la citadelle. Au commencement du siècle dernier, la branche aînée s'est transplantée en Auvergne, où elle prit le nom de la Tour Fondue, d'une seigneurie qu'elle possédait à St-Amant-la-Cheyre, aujourd'hui St-Amant-Tallende, arrondissement de Clermont, Les armoiries sont : *de gueules, à la foy d'argent.*

La famille de Retz, originaire d'Ecosse, vint en France dans la personne d'un de ses membres faisant partie de la garde écossaise qui accompagnait Charles Stuart, envoyé au secours du roi Charles VII. Elle s'y établit plus tard, le 2 octobre 1526, par le mariage d'Antoine de Retz avec l'unique héritière du seigneur de Bressoles, au pays de Gévaudan. Dans le siècle suivant, une branche de cette famille fut établie en Auvergne, au territoire de Blesle, par le mariage, 6 mai 1682, de Jean-Claude de Retz-Bressoles avec Marie-Louise Blanc du Bos; ce sont les trisaïeuls de la comtesse de la Tour Fondue. Armes écartelées : *au 1er et au 4e d'azur, au chevron d'or, accompagné en chef de deux étoiles d'argent et en pointe d'une épée d'argent posée en pal, la garde en haut,* qui est de Retz; *au 2e et au 3e d'azur, à la fasce haussée d'argent,* qui est de Bressoles.

temps et pour l'éternité. Aussi se présente-t-elle à vous aujourd'hui riche de bénédictions et de promesses. C'est elle qui vous amène aux pieds de cet autel et là reçoit, consacre vos serments. Dieu du haut du ciel les ratifie par son autorité et Jésus-Christ va les confirmer par l'oblation du Saint-Sacrifice. Les nœuds que vous allez former deviennent inviolables; à ce lien, en effet, que Jésus-Christ a élevé à la hauteur d'un sacrement, il a attaché une indissolubilité qui lui impose un caractère auguste et éternel.

Reconnaissez à quelle dignité Dieu vous élève en ce jour, elle n'a de rivale que dans la gloire de Dieu lui-même. Oui, l'époux et l'épouse sont comme une image de la Trinité des Personnes de Dieu. Il y a en Dieu, vous le savez, trois personnes qui constituent cette divinité : la première représente sa puissance, la deuxième sa sagesse et la troisième son amour. Eh bien! l'époux est comme l'image de la puissance de Dieu, l'épouse est l'image de sa bonté et tous les deux participent également à sa sagesse : tous les deux le front levé vers le ciel et les regards baissés ensuite sur la terre, peuvent dire comme autrefois dans les commencements : faisons l'homme comme à l'image de Dieu, à son image et à sa ressemblance. Aussi sur le front de l'époux réside l'autorité de Dieu, la puissance comme le sceptre de l'autorité rayonne de son regard pour commander la soumission. Il y a sur le front de l'épouse comme un rayon de bonté qui forme comme le plus beau diadème qu'on puisse vénérer ici-bas. C'est d'eux seuls que les enfants apprendront ce qu'ils doivent savoir dans la vie.

Ce que les païens, ce que les passions humaines n'apercevaient que sous le sensualisme, Jésus-Christ l'a élevé à la sainteté. Il a, en effet, donné au mariage de la loi nouvelle, une vertu particulière de produire la grâce en ceux qui s'en approchent avec des dispositions saintes. Une grâce surhumaine va donc venir vous unir et Dieu va laisser arriver jusqu'à vous une émanation de sa vie et de sa charité. Cette charité qui descend du ciel sur la terre est le lien spirituel et sacré, l'auguste symbole de la libre union de

Jésus-Christ avec son Eglise. Tel est le bienfait, le prodige du christianisme.

Convaincu de la pureté de vos intentions, j'ose affirmer que vous comprenez que l'acte le plus grand dans l'ordre naturel pour vous, c'est celui où, à l'aide de Dieu et des hommes, vous allez lier votre destinée; celui où vous agenouillant aux pieds de cet autel et la main étendue, vous allez prononcer des serments redoutables que les Anges vont inscrire dans le ciel. Oui, j'ai la confiance que votre union s'accomplira dans les hautes régions de la foi, dans cet atmosphère calme et serein où l'on respire comme le parfum du ciel.

Les lois que vous impose aujourd'hui l'Eglise n'ont rien qui vous soit étranger. Vous ferez tous vos efforts pour contribuer au bonheur l'un de l'autre. Mais avant toutes choses vous vous animerez à servir le Seigneur et à marcher dans les voies de ses commandements. Vivez en époux chrétiens, conservez la paix de l'union la plus inaltérable, montrez-vous compatissants envers l'indigence et le malheur, parce qu'il est écrit : que les miséricordieux obtiendront miséricorde; soyez soumis à la Providence de Dieu et ces pieuses dispositions seront pour vous le gage d'un véritable bonheur ici-bas. Oui, la religion seule peut vous offrir la garantie de vos sentiments et de vos principes; elle seule rendra vos affections durables en les rendant saintes et pures.

Je me plais à vous féliciter l'un et l'autre du choix que chacun de vous a fait dans la chose la plus sérieuse de la vie.

Je vous dirai à vous, mon frère, qu'en fixant vos regards sur celle qui va s'unir à votre sort, vous avez fait preuve d'une maturité de raison qui vous honore. Vos désirs appelaient une compagne dans laquelle les qualités aimables qui embellissent la vie fussent unies aux qualités solides qui en sont comme le fondement. Rendez grâces au ciel qui couronne en ce moment la sagesse de vos pensées et qui vous offre dans celle qui est à vos côtés la récompense la plus précieuse comme la plus douce à votre cœur. Une piété solide et sincère, une éducation dis-

-tinguée, une délicatesse, une élévation de sentiments qu'elle a puisées dans le cœur de sa mère, dans les leçons d'un père qui ne s'écarta jamais des règles de probité, de justice, d'honneur, de dévouement, et dans les précieux exemples d'une aïeule enlevée trop tôt à sa tendresse ; tels sont les gages de bonheur que vous apporte celle qui s'associe à votre destinée. Vous serez heureux par elle, mais elle sera heureuse par vous.

Oui, ma sœur, je puis vous dire maintenant à vous, que celui qui va vous engager sa foi, ne trompera pas vos espérances ; il a été bon fils, il a été bon frère, il sera bon époux ; vous le verrez digne de recueillir l'héritage d'honneur, de vertus domestiques et chrétiennes des auteurs de ses jours.

Je fais des vœux sincères pour que le ciel vous accorde à l'un et à l'autre une longue suite de jours prospères, à vous qui, m'étant déjà chers par les liens de la parenté, le devenez davantage par le ministère que je remplis en ce moment. Je prie Dieu de vous bénir et de répandre abondamment dans vos cœurs l'effusion de sa grâce. Puissiez-vous retracer en vous-mêmes et voir revivre autour de vous les grands exemples qui vous entourent.

C. DISCOURS

PRONONCÉ EN L'ÉGLISE DE SAINT-AMABLE, A RIOM,

Le Mardi 6 Mars 1883,

Par M. l'abbé Henri de SURREL de SAINT-JULIEN,

A l'occasion du mariage de son Frère

Amédée de SURREL, comte de SAINT-HAOND,

Avec Mademoiselle Hélène du SABLON du CORAIL (1).

Mon Frère, ma Sœur,

« Ils seront deux dans une même chair, » dit notre premier père dans sa joie, à la vue de la

---

(1) Fille de Claude-François-Marien-*Edmond* du Sablon du Corail et de Clémence-*Madeleine* Barbat du Clozel.

La famille du Sablon, dont l'ancienne noblesse a été re-

compagne que Dieu venait de lui donner, et, dès ce jour, le mariage fut établi. « Croissez et multipliez-vous, » ajoute le Seigneur. Il l'avait dit à ses autres créatures, il le dit à son plus noble ouvrage, c'est sa volonté qu'il remplisse la terre. Ce que Dieu a uni, l'homme ne peut le séparer,

connue par lettres patentes confirmatives délivrées à Versailles par Louis XV et enregistrées à la Cour des comptes le 13 juillet 1757, était établie depuis plusieurs siècles en la ville de Riom, aux environs de laquelle ville se trouve en effet une terre du Sablon dans la paroisse d'Enval. Le 23 juillet 1363, Pons du Sablon, seigneur du Theil, rendit foy-hommage pour cette seigneurie. En 1460 est daté l'acte de tutelle des enfants de feu Jean du Sablon, capitaine-gouverneur de la ville de Montferrand ; dans cet acte paraissent les frères du défunt : Pierre du Sablon, religieux Jacobin à Clermont, et François du Sablon, résidant à Riom. La filiation est suivie à partir de Jean du Sablon, marié en 1530 à Jacqueline du Claux, dont le petit-fils, Antoine du Sablon, seigneur de Létang (près Blanzat), épousait le 27 juillet 1597, Clauda de Cériers, qui, par le testament de son oncle et tuteur François de Cériers, hérita de la seigneurie du Corail (près Vauriat), qu'elle apporta à son mari dont les descendants ont conservé le nom. — En 1745, Jean-Antoine du Sablon du Corail était brigadier général de cavalerie des armées du roi ; son petit-fils Antoine du Corail émigra en 1791, puis rentra en France pour devenir un des défenseurs de Lyon, et après le siège il expia sa fidélité à Dieu et au Roi sur l'échafaud révolutionnaire, 21 novembre 1793 ; il est le bisaïeul de la comtesse de

et rien de ce que Dieu fait n'est stérile : cette union portera des fruits, voilà la famille.

Le mariage est un grand sacrement, s'écrie saint Paul, il figure l'union de Jésus-Christ avec son Eglise. C'est une grande mission, dirai-je à mon tour.

Grand sacrement et grande mission, le ma-

Saint-Haond. — Armes : *d'azur à l'ancre d'or, au chef d'argent chargé d'une épée de gueules.* Devises : ancienne, *In Sablone anchora stat* ; actuelle, *Spes et virtus.*
La famille des Barbat, seigneurs du Clozel, de Nastral, du Cayre, barons du Bladre, seigneurs d'Arneri, toutes seigneuries situées en Auvergne, se trouvait déjà établie dans cette province lorsque Antoine Barbat était lieutenant général au baillage d'Aubijoux, séant à Marcenat, Haute-Auvergne, en 1690 ; il devint subdélégué à l'intendance d'Auvergne en 1721 et fut pourvu le 19 août 1734 d'un office de conseiller secrétaire du roi, maison et couronne de France près la Cour des comptes de Montpellier, il mourut en 1736. Sa descendance, qui a contracté de très nobles alliances, quelques unes non sans illustrations, a donné des conseillers au présidial de Riom, un conseiller à la Cour d'appel de cette ville, un officier de la maison du roi, d'autres officiers supérieurs, etc. Elle fut admise à l'abbaye royale de Montmartre, sur preuves devant Chérin et comparut aux assemblées de la noblesse en 1789, Armes : *d'azur au chevron d'or accompagné en chef de deux étoiles d'argent et en pointe d'une barbe velue de même.*

riage a une admirable analogie avec le sacerdoce. A moi prêtre, à moi les âmes ; mais ces âmes, le prêtre les reçoit de Dieu par vous; c'est vous qui commencez à en faire des élus, le prêtre achève l'œuvre du père et de la mère! Réjouissons-nous ensemble de cette sublime destinée.

De nos jours, on comprend bien peu ces divines choses, mais vous, mon frère, vous, ma sœur, vous n'êtes pas de ceux qui détournent l'oreille de ces graves enseignements.

Qu'il me soit permis de dire ici ce que je sais depuis longtemps et ce que j'ai appris depuis peu.

Un père et une mère nous furent donnés, avec une vénérable aïeule, qui nous initièrent sur leurs genoux à ce qui fait plus tard le vrai bonheur. Quand nous eûmes grandi, celui dont jouissait notre toit nous fit bénir Dieu de nous avoir faits enfants de tels parents.

Le frère appuyé sur son frère est un beau spectacle dans lequel se complaît l'Esprit-Saint. Vous que je vais bénir, bien-aimé frère, partout vous avez été avec moi, toujours nous avons vécu appuyés l'un sur l'autre. Votre foi, votre amour de tout ce qui est vrai, juste et saint, votre fidélité dans le culte des ancêtres, votre sincérité, cette vertu caractéristique des cœurs généreux, tout cela, que j'ose proclamer devant le Tabernacle d'où viennent ces dons et où l'action de grâce doit revenir, tout cela, vous l'avez reçu pour rendre heureuse celle que le Ciel vous destinait.

Vous méritiez, ma sœur, d'avoir un époux qui répondît à vos vœux, et j'espère que les nobles traditions de votre famille lui deviendront aussi chères qu'à vous même et aussi sacrées que celles de la nôtre, tellement confondues qu'il ne sache auxquelles il avait déjà voué son culte, ou celles qu'il reçut des siens, ou celles qu'il va recevoir des vôtres par cette union.

La femme sanctifie l'homme et l'homme sanctifie la femme. A la première revient parfois cet honneur sans qu'il soit partagé. Mais quand des deux la piété ne fait qu'un, comme le don de soi consacré par la religion, oh! alors le foyer est bien doux, sa chaleur et sa lumière attirent et retiennent, et l'on ne connaît pas de ces séparations qui de l'esprit vont jusqu'au cœur.

Il nous faut des femmes fortes. La femme forte ! ce bien d'un prix inestimable qui mérite qu'on aille le chercher jusqu'aux extrémités de la terre ! Mais la femme forte, elle se forme dans la jeunesse et elle ne peut se former qu'avec des vertus, avec cet élément de force qui s'appelle le dévouement et que l'on puise surtout dans la compassion pour le pauvre. Votre mère, trop tôt privée d'un cher appui, seule dut travailler à cette formation; elle ne faillit point à cette tâche, son amour sembla augmenter et en elle ses enfants retrouvaient la sollicitude d'un père jointe à la tendresse d'une mère. Comme les siennes, elle tourna vos mains vers l'indigent.

Que j'aime bien mieux les mains connues du pauvre, qui pour lui savent tisser la laine et le lin, que ces mains rendues inactives par la vanité ! Celles-ci peuvent plaire à un monde léger, mais la main que vous tendez au malheureux, elle plaît à Dieu et il la consacre par cette parole : « Ce que vous aurez fait au plus petit de

qui croient en moi, c'est à moi-même que vous l'aurez fait, et votre action ne restera pas sans récompense.

Cette main, elle va être dans la main de votre époux, l'Eglise à tous deux va passer au doigt l'anneau symbolique ; sur vos mains enlacées à jamais, le regard des anges sera attaché avec celui des hommes, tous témoins de vos éternels engagements : ceux qui vous entourent, vos pères, vos mères, pour lesquels votre union est cette bénédiction promise par Dieu à ceux qui élèvent leurs enfants dans sa crainte salutaire, à ceux qui leur donnent l'exemple de l'obéissance à sa Loi ; vos frères, vos sœurs, vos familles, vos amis, tous ceux qui vous aiment ici-bas ou là haut, oui, tous témoins. Votre père chéri, ma sœur; votre grand'mère qui vous porta sur les fonds sacrés du baptême, mon frère, seront aujourd'hui de la fête avec nous, parce que c'est une fête sainte à laquelle le ciel peut s'associer. Au ciel, le cœur garde les pures amours de la terre.

Ne différons pas davantage le moment de cette

union tant désirée, et avec moi, mes frères, avec l'Eglise, faites à Dieu cette prière : Bénissez, ô mon Dieu, vos serviteurs prosternés à vos pieds, qu'ils soient toujours fidèles l'un à l'autre, qu'ils demeurent dans votre paix, qu'ils vivent selon votre volonté dans une mutuelle et très-douce charité, par la grâce de Jésus-Christ votre Fils et Notre-Seigneur.

DISCOURS

PRONONCÉ EN L'ÉGLISE DE SAINT-AMABLE, A RIOM,

Le jeudi 8 juillet 1886,

Par M. l'abbé PIERRE COMBE, vicaire à St-Amable,

A l'occasion du mariage de

M. Ernest DE SURREL DE SAINT-JULIEN, comte DE MONCHAND,

Avec Mademoiselle MARIE GRENOT DU PAVILLON (1).

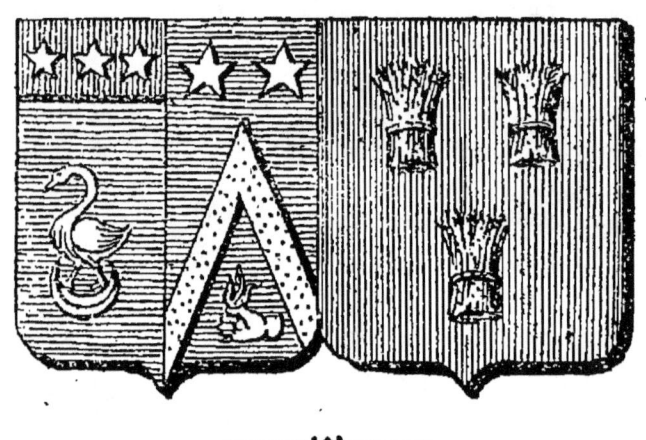

MADEMOISELLE,

MONSIEUR,

Une démarche bien importante vous amène aujourd'hui au pied de l'autel. Unir vos deux

---

(1) Fille de Paul-*Alexandre* Grenot du Pavillon et de Marie-*Pauline* Mandet des Lamis.

La famille Grenot du Pavillon, établie de longue date en Nivernais, à Decize et aux environs, tirait de la Suisse sa

existences, confondre vos deux volontés, faire
de vos deux cœurs un seul et même cœur, éta-

plus ancienne origine ; ce fut cependant en Nivernais, qu'au
sortir de la Révolution, vint se retirer l'aïeul du père de la
comtesse de Monchand. Il avait habité Paris sous Louis XV
et Louis XVI, tandis qu'un de ses frères occupait un poste
d'honneur à la Cour. Il eut deux fils : Gilbert, qui a continué
la famille, et Alexandre, entré dans les Ordres, qui a laissé
une mémoire vénérée dans le diocèse de Nevers, auquel il
n'avait cessé d'appartenir. Armes : *de gueules à trois gerbes
d'or;* ainsi qu'elles furent inscrites dans l'Armorial général,
d'après les manuscrits de la bibliothèque nationale de 1696
à 1701.

La famille Mandet, dont la filiation suivie commence par
Etienne Mandet des Lamis, vivant en 1610, est établie à Riom
depuis nombre de générations Elle compte parmi ses ancêtres des magistrats distingués de la Sénéchaussée d'Auvergne,
un procureur au Présidial de Riom, bailly de Pouzol et de
Beaufort, des membres estimés dans le clergé et les ordres
religieux : deux carmes, un supérieur de l'Oratoire, chanoine
de Saint-Amable. Mais, elle a un lustre tout particulier pour
la mémoire récente et inoubliable de Francisque Mandet,
avocat, magistrat, conseiller ; et, avec ces différentes fonctions dans lesquelles on le distingua toujours : promoteur du
Musée de Riom qui porte son nom; écrivain, penseur, causeur fin, délicat, sincère et saisissant avec sa fibre patriotique
qui l'a attaché par son *Histoire du Velay* à la terre des antiques Vellaves qu'il adopta comme patrie dans son affection
pour le pays où les circonstances placèrent sa naissance. Son
père, avocat au Puy, était le frère d'Antoine Mandet des
Lamis, magistrat à Riom, qui eut entre autres enfants Marie-
Pauline, Madame Grenot du Pavillon.

blir entre vous des liens que la suprême séparation seule pourra briser : voilà ce que vous allez faire. Ah! si dans notre vie il y a des jours dont le souvenir est impérissable, celui qui s'est levé ce matin sur vous est bien du nombre. Comment l'oublier? N'est-il pas le centre où converge tout votre passé, le point de départ d'où rayonnera tout votre avenir ! N'est-il pas le début de la mission que vous avez à remplir ici-bas ? La création, vous le savez, n'est autre chose qu'un hymne continuel à l'Eternel; dans ce concert de tous les êtres créés, vous avez votre rôle, Dieu vous le confie en ce moment ; j'ose le dire, ce rôle est sublime, ce rôle est divin.

Quoi de plus grand, quoi de plus beau, quoi de plus divin que l'apostolat? Or, le mariage est un apostolat. L'apôtre conduit les âmes à Dieu, c'est aussi ce que fait l'époux chrétien ; Jésus-Christ est né par le baptême dans ce jeune cœur qui doit être votre continuation sur la terre : le germe est implanté, mais il s'agit de le cultiver et de l'arroser ; il s'agit de procurer à cette délicate fleur son complet épanouissement ; voilà votre tâche, époux chrétiens : diriger cette jeune âme vers le bien par une pieuse éducation de famille, par de sages conseils, par de bons exemples ; faire de votre foyer le sanctuaire de toutes les vertus, en faire un foyer chrétien, hélas! ils sont si rares aujourd'hui les foyers chrétiens; voilà le but que vous devez atteindre et voilà aussi comment, sans avoir le nom d'apôtres, vous pouvez cependant en remplir les fonctions.

Apostolat, ce n'est pas assez : le mariage est encore, si je puis m'exprimer ainsi, l'Incarnation de l'adorable Trinité. Le caractère distinctif des trois personnes divines, c'est l'amour : amour à nul autre pareil, amour éternel, amour immuable comme Dieu ; c'est là le lien qui les a toujours unies et qui les unira toujours : c'est un foyer qui a toujours brûlé et qui brûlera toujours. Or, il semble que de ce foyer rayonnent sur les époux la paix, l'union, l'amour, par leur fidélité à mépriser les froissements que peut causer le frottement de la vie journalière, par cette hauteur d'esprit qui se met au-dessus de tout procédé mesquin ou indélicat, par le dédain des considérations personnelles, ils arrivent à former dans leur vie unie, une parfaite image de l'union des trois personnes divines. — L'idéal est sublime : vous le réaliserez en mettant dans votre vie, ce que Notre Seigneur a recommandé à ses disciples : du renoncement et de l'abnégation ; et, voilà pourquoi il est vrai de dire que se marier s'est mourir à soi-même, mourir à sa volonté pour la confondre avec la volonté de la personne que Dieu a choisie pour partager notre existence, nos joies et nos peines.

Voilà votre mission ; est-elle digne de vous ? Oui, sans doute, j'ajoute que vous serez digne d'elle.

Tout en vous, Mademoiselle, nous le fait présager. Hélas ! jeune encore, vous avez connu la douleur ; il vous a fallu voir s'ouvrir une tombe : Ah! le cœur qui y est descendu — qu'il me soit permis de le dire en passant — sourit aujourd'hui à votre union et du haut du ciel vous réitère sa maternelle bénédiction. Mais, privée du cœur d'une mère, vous avez été entourée de deux autres cœurs qui ont trouvé, dans leur tendresse pour vous, le secret de vous faire oublier la triste absence. Privée du cœur d'une mère, vous avez eu pour le remplacer le cœur d'un père, dont je ne veux pas vous rappeler et le dévouement et l'affection. Ah! qu'il se réjouisse aujourd'hui ce père chéri, et que ce moment de vrai bonheur apporte un soulagement à l'amère séparation du passé : qu'il se réjouisse, les leçons n'ont pas été perdues: la semence a trouvé un terrain docile. J'aime à le dire, Mademoiselle, non à vous, votre modestie s'y refuserait, mais à celui qui vous tend la main : vos vertus que tous proclament, vos qualités que partout on apprécie, cette précoce maturité de jugement qui vous distingue, vous rendent digne du rôle de délicatesse, de douceur et de paix, confié par Dieu à l'épouse chrétienne. Vous serez l'ange du foyer domestique, l'ange de consolation au milieu des heures tristes, l'ange d'espérance dans les moments d'épreuve et d'abattement, l'ange de résignation aux jours tourmentés, l'ange de piété toujours.

Et vous, Monsieur, vous saurez répondre au mérite de celle qui vous donne aujourd'hui son âme et sa vie ; elle trouvera en vous un fidèle et consolant écho. Vos qualités de cœur, ce cœur par lequel l'homme est véritablement homme ; votre aménité de caractère, votre commerce intime à la fois doux et facile et par dessus tout, vos sentiments religieux, je dirai plus, votre tendre piété, nous en sont un sûr garant. — Et dans le sanctuaire privé de la vie, vous tiendrez à honneur de continuer les patriarcales traditions de votre noble famille. Ce sang qui coule dans vos veines, vous vous rappellerez que c'est le sang de chrétiens sans peur et sans reproche, pour employer deux expressions célèbres. Puisse votre vie, puissent vos sentiments, ressembler à la vie et aux sentiments des auteurs de vos jours : votre ambition peut se borner là.

Tout en vous, jeunes époux, fait donc prévoir le bonheur : tout hors de vous le demande au ciel. Dans ce sanctuaire se presse une sympathique assistance, dont tous les cœurs battent à l'unisson et vous offrent leurs vœux les plus sincères ; l'Eglise elle-même va se charger de votre cause et lever la main pour vous bénir. Daigne l'Eternel entendre toutes ces voix et vous accorder paix, bonheur et joie.

Et maintenant allez sous la bénédiction de Dieu et de sa Mère. Que cet anneau, comme le disait Blanche de Castille à saint Louis, soit le gage de votre amour et de votre foi.

E

Un rameau de la famille de Surel séparé de sa souche et brusquement arraché au sol de la patrie (*révocation de l'édit de Nantes, octobre* 1685), parce qu'il avait embrassé la Réforme protestante, a survécu à cette existence tourmentée par l'exil et naguère encore pouvait jouir de l'un de ses plus dignes représentants dont le monde savant vient de regretter la perte : M. Charles-Alexandre Surell, ingénieur en chef des ponts et chaussées, ancien directeur, puis administrateur des chemins de fer du Midi, officier de la Légion-d'Honneur et de l'Instruction publique, commandeur de l'Ordre très noble et très distingué de Charles III d'Espagne et de l'Ordre du Christ de Portugal, né à Bitche (Moselle), le 19 avril 1813, étant décédé à Versailles le 11 janvier 1887. Il laisse un fils : Albert, garde général des forêts, dont le bisaïeul Jean-Jacques est enterré à Varsovie, en Pologne. Ses ancêtres, après la révocation de l'édit de Nantes, durent, en effet, traverser l'Allemagne, ils séjournèrent en Brandebourg et allèrent jusqu'en Pologne. Charles-Auguste, fils de Jean-Jacques, naquit à Varsovie, mais il quitta fort jeune la Pologne et se maria à Vienne en Autriche, où l'état-major de la grande armée, dont il faisait partie, avait fixé momentanément sa résidence. Après le licenciement de l'armée, en 1815, il se fixa à Sarreguemines, en Lorraine, et y éleva une nombreuse famille.

C'est au séjour en Allemagne qu'est due la double lettre l mise en final du nom de la famille dont les membres, qui ont toujours reconnu leur origine commune avec la maison de Surel, voulurent conserver l'euphonie ; en allemand Surel avec un seul l, se fut dit Sourle.

On peut attribuer à Jean-Jacques Surell d'être l'auteur d'un cachet qui est conservé dans sa famille et qui sent bien son dix-huitième siècle : Il représente un personnage qu'on dirait en costume religieux ; aurait-on voulu représenter Luther ou Calvin ? Le personnage est appuyé et attaché sur une ancre ; puis on lit ce jeu de mots inscrit autour du sujet par manière de devise : JE ME REPOSE SURELLE.

F

Le dernier chapitre de l'appendice, en indiquant quelle origine on peut attribuer aux armes de la famille de Surel, servira-t-il encore à faire conclure que le vrai berceau de cette famille est bien vraiment la terre de Surel, sise en la paroisse de Retournac et placée comme nous l'avons déjà écrit, entre St-Vincent et Bauzac en Velay? C'est ce qu'il nous est permis de croire.

La maison de Surel, on l'a vu, porte son franc quartier : *d'azur au cygne d'argent foulant un croissant de même, au chef de gueules chargé de trois étoiles d'argent*. Or, la terre de Surel, il est intéressant de l'écrire ici, est précisément placée au pied d'une montagne (1) bien connue au pays

---

(1) Les documents relatifs à la montagne de Sainte-Magdeleine sont extraits d'une étude écrite par M. l'abbé Colly, curé de Solignac-sous-Roche, à proximité de la montagne dont il s'est fait l'intéressant historiographe.

de Velay que le peuple nomme pieusement : *Lou chu de sainta Maria-Magdeleina.* La montagne de Sainte-Magdeleine, les temps anciens la connurent sous un autre nom, qui s'est conservé et transmis dans celui du village avoisinant sa crête orientale : le Peudible ou Peydible. *Peu* ou *Pey* est un mot celtique qui signifie *montagne*, comme *podium* en vieux latin. On dit encore dans le dialecte rustique des environs : *Amoun vé lou pouy*, pléonasme patois signifiant : en haut sur la hauteur. Le mot *Dible* est pour *d'Ibis*, nom d'un oiseau autrefois adoré, en Egypte surtout, soit à cause de ses bienfaits, car on lui attribuait la destruction des serpents et autres reptiles venimeux ; soit à cause de ses vertus morales prétendues. L'Ibis sacré ressemble à la cigogne dont il ne diffère que par la taille ; et le cygne qui est la figure principale des armes de la maison de Surel, ne serait-il pas originairement l'Ibis aujourd'hui défiguré, voulant, comme l'on fait d'un reptile venimeux, fouler aux pieds le croissant, symbôle de l'Islamisme, que les Croisés de l'Europe chrétienne allèrent combattre pour reconquérir la Terre-Sainte ?

Ce ne fut guère en effet qu'au 13ᵉ siècle, après les Croisades, époque assignée par le plus grand nombre des héraldistes pour la mise en usage des armoiries, que la montagne d'Ibis reçut le nom chrétien de Sainte-Magdeleine. La preuve qu'elle garda jusqu'alors sa dénomination païenne, c'est que le cartulaire de Chamalières qui en parle maintes fois, la nomme toujours *Mons Ibis* ou *Podium Ibiæ*, sans addition aucune. Or, il ne paraît pas douteux que si le dernier nom eût été alors substitué à l'ancien, le moine rédacteur du cartulaire qui écrivait au milieu du XIIᵉ et au commencement du XIIIᵉ siècle, en aurait fait mention. D'autre part ce changement de nom n'a pas eu lieu après l'époque indiquée, puisque des monnaies trouvées dans l'intérieur du mur de la chapelle qui s'élevait sur la montagne, ayant par conséquent un caractère commémoratif, témoignent que le vieil oratoire fut construit vers la fin du treizième siècle. Etant d'ailleurs rationnel de supposer que l'érection de cette chapelle et la consécration de la montagne à sainte Marie-Magdeleine, sont deux faits indivisibles, c'est-à-dire accomplis en même temps ; on peut affirmer que la date du second est la même que celle du premier.

Ainsi, de ce que la montagne de la Magdeleine portait le nom d'Ibis, oiseau sacré, au moment des Croisades, 1095-1291, où dut se fixer le choix des armoiries, est-il au moins vraisemblable que le seigneur de cette terre de Surel, placée tout au pied de la montagne, a voulu faire figurer sur son armure l'emblême du lieu célèbre de son voisinage.

Finale : Exhortation.

Prends le titre de noblesse que tu as reçu en naissant, mais tache d'y en ajouter toi-même un autre, afin que tous les deux forment une véritable noblesse..........

Qu'on dise de toi, ô mon fils, que tu es plus vaillant que ton Père, et que ta Mère, témoin de ces éloges, puisse sentir toute la joie d'avoir un fils accompli !

Extrait d'un vieux manuscrit de famille, intitulé : « Leçon que chaque pere de la famille de Surel doit enseigner ses jeunes enfants. »